틈만 나면 보고 싶은
융합 과학 이야기

내 꿈은
야구왕

틈만 나면 보고 싶은 융합 과학 이야기

내 꿈은 야구왕

초판 1쇄 발행 2016년 8월 22일
초판 2쇄 발행 2019년 6월 15일

글 지호진 | **그림** 성두현 | **감수** 구본철

펴낸이 이욱상 | **창의1실장** 강희경 | **책임편집** 최지연
표지 디자인 목진성, 이소연 | **본문 편집·디자인** 구름돌
사진 제공 게티이미지코리아, 헬로 포토

펴낸곳 동아출판㈜ | **주소** 서울시 영등포구 은행로 30 9층
대표전화(내용·구입·교환 문의) 1644-0600 | **홈페이지** www.dongapublishing.com
신고번호 제300-1951-4호(1951. 9. 19.)

ISBN 978-89-00-40289-6 74400   978-89-00-37669-2 74400 (세트)

틈만 나면 보고 싶은
융합 과학 이야기

내 꿈은 야구왕

글 지호진 그림 성두현
감수 구본철(전 KAIST 교수)

동아출판

미래 인재는 창의 융합 인재

이 책을 읽다 보니, 내가 어렸을 때 에디슨의 발명 이야기를 읽던 기억이 납니다. 그때 나는 에디슨이 달걀을 품은 이야기를 읽으면서 병아리를 부화시킬 수 있을 것 같다는 생각도 해 보았고, 에디슨이 발명한 축음기 사진을 보면서 멋진 공연을 하는 노래 요정들을 만나는 상상을 하기도 했습니다. 그러다가 직접 시계와 라디오를 분해하다 망가뜨려서 결국은 수리를 맡긴 일도 있었습니다.

지금 와서 생각해 보면 어린 시절의 경험과 생각들은 내 미래를 꿈꾸게 해 주었고, 지금의 나로 성장하게 해 주었습니다. 그래서 나는 어린 학생들을 만나면 행복한 것을 상상하고, 미래에 대한 꿈을 갖고, 꿈을 향해 열심히 도전하고, 상상한 미래를 꼭 실천해 보라고 이야기합니다.

어린이 여러분의 꿈은 무엇인가요? 여러분이 주인공이 될 미래는 어떤 세상일까요? 미래는 과학 기술이 더욱 발전해서 지금보다 더 편리하고 신기한 것도 많아지겠지만, 우리들이 함께 해결해야 할 문제들도 많아질 것입니다. 그래서 과학을 단순히 지식으로만 이해하는 것이 아니라, 세상을 아름답고 편
리하게 만들기 위해 여러 관점에서 바라보고 창의적
으로 접근하는 융합적인 사고가 중요합니다. 나는
여러분이 즐겁고 풍요로운 미래 세상을 열어 주는,
훌륭한 사람이 될 것이라고 믿습니다.

　동아출판 〈틈만 나면 보고 싶은 융합 과학 이야기〉
시리즈는 그동안 과학을 설명하던 방식과 달리, 과학을 융합적으로 바라
볼 수 있도록 구성되었습니다. 각 권은 생활 속 주제를 통해 과학(S), 기술
공학(TE), 수학(M), 인문예술(A) 지식을 잘 이해하도록 도울 뿐만 아니라,
과학 원리가 우리 생활을 편리하게 해 주는 데 어떻게 활용되었는지도 잘
보여 줍니다. 나는 이 책을 읽는 어린이들이 풍부한 상상력과 창의적인 생
각으로 미래 인재인 창의 융합 인재로 성장하리라는 것을 확신합니다.

전 카이스트 문화기술대학원 교수 구본철

신나는 야구의 세계

스포츠는 신체를 움직여 승부를 겨루는 운동 경기를 말해요. 운동과 건전한 경쟁을 통해 마음을 즐겁게 해 주며 몸을 건강하게 만들어 주지요. 그렇다면 우리나라 사람들이 가장 좋아하는 스포츠는 무엇일까요?

우리나라 사람들이 가장 많이 보러 가는 운동 경기는 야구라고 해요. 주말마다 프로 야구 경기가 열리는 경기장에는 관중들로 시끌벅적 왁자지껄, 여기저기 응원 노랫소리와 함성 소리로 경기장이 떠나갈 듯해요.

야구 경기장에 가면 다양한 장비들과 멋진 유니폼, 공을 잡아 던지고 받는 선수들의 세련된 수비 동작, 시원한 안타와 통쾌한 홈런 등 야구의 멋과 재미에 푹 빠질 수 있어요. 야구에는 이런 재미뿐만 아니라 날아가는 야구공 하나에도 과학적인 원리가 담겨 있고, 야구 경기장을 둘러보면 수학적인 비밀이 숨겨져 있어요.

야구의 역사와 선수들 이야기에는 감동과 교훈이 있어요. 가난한 어린 시절을 보내며 힘들고 어려운 환경 속에서도 열심히 연습해 최고의 미국 프로 야구 선수가 된 요기 베라는 야구에 대해 "끝날 때까지 끝난 게 아니다!"라는 명언을 남겼다고 해요. 무슨 일이든 끝까지 최선을 다하라는 정말 멋진 말이지요.

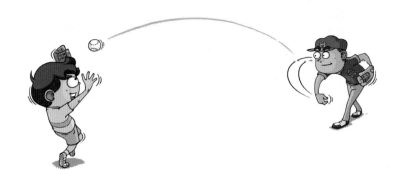

이 책에서 공철이는 학교 야구부원이 되기 위해 야구를 배우기 시작해요. 그러면서 야구에 숨어 있는 과학, 기술공학, 수학, 인문예술에 대한 지식을 알게 되지요.

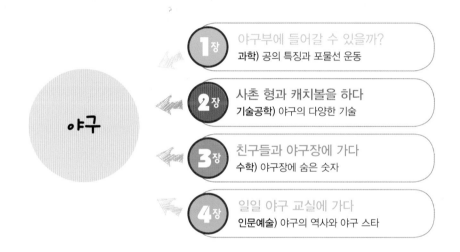

공철이와 함께 야구 중계방송도 보고, 야구장 구경도 가고, 공철이가 야구 연습을 하는 모습을 보다 보면 어느새 공철이처럼 야구에 담긴 과학적인 원리, 수학적인 비밀을 알게 될 거예요. 야구라는 스포츠를 통해 희망과 용기, 마음이 따뜻해지는 감동을 느껴 보세요.

지호진

차례

1장 야구부에 들어갈 수 있을까?

2장 사촌 형과 캐치볼을 하다

3장 친구들과 **야구장**에 가다

4장 일일 야구 교실에 가다

1장 야구부에 들어갈 수 있을까?

야구부가 생긴대!

"운동장에서 공사를 하네. 무슨 공사를 하는 거지?"

공철이는 친구들과 집으로 돌아가는 길에 운동장 한쪽에 쌓여 있는 철망과 모래를 보았다.

"공철이 너 몰랐구나? 우리 학교에 야구부가 생긴대."

"야구부?"

"그래. 그래서 운동장 한쪽에 야구부원들이 연습할 연습장을 만들려고 지금 한창 공사 중인 거야."

"정말? 야구부가 생긴단 말이지!"

학교에 야구부가 생길 거라는 말을 들은 공철이는 심장이 벌렁벌렁, 가슴이 콩닥콩닥 뛰기 시작했다.

공철이는 어려서부터 야구광인 아빠와 공놀이하는 것을 좋아했다. 주말이면 아빠를 따라 프로 야구 경기가 열리는 경기장에 놀러 가 김밥, 치킨, 피자를 먹으면서 신나게 응원을 했었다. 가끔 텔레비전에서 방송되는 리틀 야구단이나 초등학교 야구부 아이들의 시합을 보면서, 멋진 야구 유니폼을 입고 시합하는 아이들을 부러워했었다. 그런데 학교에 야구부가 생긴다니 공철이는 자신도 모르게 가슴이 마구 설레었다.

"야구부가 생기면 신입 야구부원을 모집하겠지?"

"그러겠지. 공철이 너도 야구부에 들어가려고?"

"히히."

친구의 말에 공철이는 대답 대신 싱거운 웃음만 지었다. 공철이의 머릿속에는 이미 자신이 야구 유니폼을 입고 신나게 야구를 하는 모습으로 가득 했기 때문이다.

'**그래, 결심했어!** 이번 기회에 꼭 학교 야구부에 들어가야지!'

"야구부에 들어가려면 신입 야구부원 테스트에 합격해야 할걸?"

공철이의 생각을 눈치챈 듯 친구가 말했다.

"테스트? 시험 말이야?"

"그래."

친구의 말을 듣고 공철이는 마음을 다부지게 먹고 굳은 결심을 했다.

'내일부터 당장 야구 연습해야지! 주말에는 아빠를 졸라 연습을 도와 달 라고 해야겠어. 꼭 신입 야구부원 테스트에 **합격**할 거야!'

과연 공철이는 학교 야구부의 신입 야구부원이 될 수 있을까?

아빠와 야구 중계방송을 보다

'무슨 날씨가 이래. 어젯밤 하늘에 별이 총총 떠 있어서 오늘은 날씨가 맑을 줄 알았는데 아침부터 비가 **주룩주룩** 내리다니……. 아!'

토요일 아침, 공철이가 창밖으로 내리는 비를 보며 한숨을 내쉬었다. 이번 주 토요일부터 아빠와 열심히 야구 연습하려던 공철이의 계획이 물거품이 되었기 때문이다.

"아, 오늘은 정말 비가 **싫다, 싫어!**"

공철이가 짜증을 내고 투덜거리며 아침부터 집 안을 이리저리 휘젓고 다녔다. 아빠는 그런 공철이의 모습이 안쓰럽게 보였는지 거실에서 텔레비전을 켜며 말했다.

"공철아, 오늘은 비가 오니 **야구 연습** 대신 아빠랑 야구 중계 볼까?"

"텔레비전에서 야구 중계방송해요?"

"그래. 곧 류현진 선수가 메이저 리그에 선발 투수로 나오는 경기를 중계방송해 줄 거야."

'메이저 리그 야구, 류현진 선수!'

공철이는 귀가 **솔깃해졌다.**

"직접 야구를 하는 것도 좋지만 야구 경기를 보면서 야구에 대한 지식도 배우고, 규칙도 알게 되면 네가 야구부원 테스트받는 데 도움이 될 거야."

아빠의 말을 듣고 공철이는 짜증이 **확** 사라졌다.

'그래! 야구 중계방송을 보는 것도 연습하는 것 못지않게 중요할 거야. 보다가 모르는 게 있으면 아빠에게 물어보면 되고. 좋았어!'

공철이는 거실 소파에 아빠와 나란히 앉아 야구 경기를 보기 시작했다. 류현진 선수가 좋은 성적을 거두기를 바라면서 말이다.

텔레비전에서 야구 중계 진행자의 *흥분된 목소리*가 들렸다.

"타자가 친 공이 1루 관중석으로 날아갑니다. 아, 파울! 파울입니다. 어, 그런데 관중석에서 한 관중이 파울 공을 맨손으로 잡았네요."

야구 경기에서 타자가 친 공이 관중석으로 날아가자 한 젊은이가 그 공을 맨손으로 잡는 장면이 텔레비전 화면에 나왔다.

"와! *날아오는 공*을 잡다니, 정말 대단하다!"

"공철아, 날아오는 야구공을 맨손으로 잡는 건 매우 위험한 행동이야. 투수가 던진 공을 타자가 힘차게 치면 그 공은 대단히 **빠르단다**. 무엇보다 야구공은 다른 공들과는 다르게 속이 꽉 차서 물렁물렁하지 않고 **딱딱해**. 그래서 맨손으로 잡으려다가 크게 다칠 수 있어."

"아, 위험하구나. 그런데 야구공은 속이 꽉 차 있어요?"

공철이는 고개를 **갸우뚱하며** 아빠에게 물었다.

"야구공은 코르크에 고무를 두른 후 실로 감고, 가죽을 씌워 만들어."

아빠는 야구공 만드는 과정을 설명해 주었다.

야구공의 단면 모습이야.

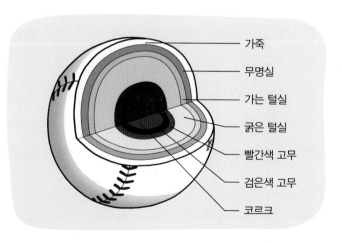

가죽
무명실
가는 털실
굵은 털실
빨간색 고무
검은색 고무
코르크

야구공의 비밀

야구공을 만들기 위해서는 먼저 탄력이 뛰어난 코르크를 호두만 한 크기로 동그랗게 만들고, 그 위에 빨간색 고무를 씌운다. 이 빨간 고무공을 '빨간색 속이나 핵'이라는 뜻으로 '레드 코어(Red Core)'라고 부르고 무게는 22g이다. 이 레드 코어 때문에 야구공에 탄성이 생긴다.

레드 코어 위에 양털과 목화로 된 실을 감는데 처음에는 굵은 실, 나중에는 가는 실로 감는다. 이때 비례가 정확하지 않으면 불량품이 된다. 마지막으로 공 모양에 두 장의 가죽을 맞붙여 씌운다. 이때 사용되는 가죽은 흰색의 말가죽 또는 쇠가죽이다. 땅콩 껍질 모양으로 자른 두 장의 가죽에 216개의 구멍을 뚫고, 그 구멍을 빨간색 실로 꿰매면 야구공 완성! 이 과정에서 공 밖으로 108개의 실이 드러나는데 이를 '솔기' 또는 '실밥'이라고 부른다.

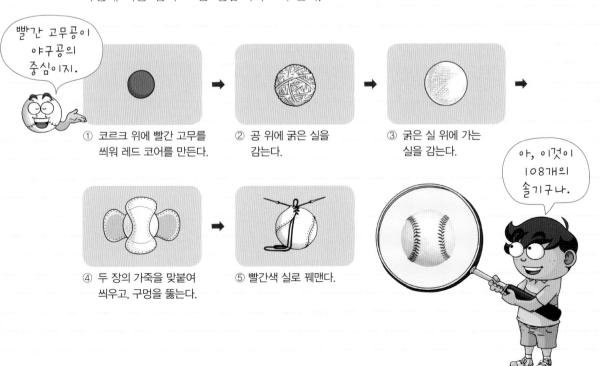

빨간 고무공이 야구공의 중심이지.

① 코르크 위에 빨간 고무를 씌워 레드 코어를 만든다.

② 공 위에 굵은 실을 감는다.

③ 굵은 실 위에 가는 실을 감는다.

④ 두 장의 가죽을 맞붙여 씌우고, 구멍을 뚫는다.

⑤ 빨간색 실로 꿰맨다.

아, 이것이 108개의 솔기구나.

야구공은 포물선을 그리며 날아

공철이가 아빠와 야구공에 대한 이야기를 하고 있을 때 텔레비전에서 또 야구 중계 진행자의 목소리가 점점 커졌다.

"타자가 친 공이 외야로 포물선을 그리며 날아갑니다. 중견수 앞에 떨어지는 안타입니다."

"와! 안타다, **안타!**"

공철이가 응원하는 팀에서 안타를 쳤다.

"아빠, 안타는 타자가 1루 이상 갈 수 있게 공을 친 거죠?"

"그래, 간단히 말하면 그렇지."

"근데 포물선이 뭐예요?"

"물체가 **반원 모양**을 그리며 날아가는 선을 포물선이라고 해. 공철아, 우리 주변의 운동들을 크게 세 가지로 분류하는데 그게 뭔지 아니?"

"걷기, 달리기, 폴짝 뛰기요."

"그런 운동 말고, 물리 즉 과학적으로 어떤 기준에 따라 물체의 위치가 변하는 운동 말이야."

"음, 그건 잘 모르겠어요."

공철이가 머리를 **긁적였다.**

"그 세 가지 운동은 속력만 변하는 운동, 방향만 변하는 운동, 속력과 방향이 모두 변하는 운동이야. 즉 낙하 운동은 속력만 변하는 운동이고, 원운동은 방향만 변하는 운동이고, 포물선 운동은 속력과 방향 모두 변하는 운동이란다."

공철이가 알쏭달쏭한 표정만 지으며 아무런 대답이 없자 아빠가 운동에 대한 설명을 이어 갔다.

"어떤 물체를 높은 곳에서 아래로 떨어뜨리면 그 물체는 중력을 받아 아래로 떨어지는데 이를 낙하 운동이라고 해."

설명을 듣던 공철이가 무릎을 탁 치며 소리쳤다.

"그럼 하늘에서 땅으로 떨어지는 낙하산도 낙하 운동을 하는 건가요?"

"그래, 맞아! 낙하 운동은 물체가 땅으로 떨어지는 동안 일정한 크기의 중력이 아래 방향으로 작용하는 거야. 물체의 운동 방향과 작용하는 중력의 방향이 같아서 속력은 점점 증가하지. 즉 낙하 운동은 운동 방향이 그대로이고, 속력만 변하는 운동이란다."

낙하 운동
물체가 중력을 받아 아래로 떨어지는 운동이다. 공중에서 공을 잡고 있다가 놓으면, 중력이 일정한 힘으로 계속 작용하기 때문에 떨어지는 공의 속력도 일정하게 증가한다.

여기서 공을 떨어뜨리면 낙하 운동을 해.

속력 0

운동 방향

공이 아래로 떨어지면서 점점 빨라져요!

속력 최대

"그럼 원운동은요?"

"쥐불놀이할 때 깡통을 잡고 **빙빙** 돌리면, 깡통은 둥글게 원운동을 해. 이때 깡통은 일정한 속력으로 원 모양의 운동을 하지만, 움직이는 운동 방향은 계속해서 변한단다."

원운동
물체가 동그랗게 원을 그리며 이동하는 운동이다. 원운동을 할 때 구심력과 원심력은 크기가 같고, 방향은 반대이기 때문에 깡통 안의 불이 떨어지지 않는다.

"포물선 운동은 뭐예요?"

"야구공을 던지거나 야구 방망이로 치면, 야구공은 비스듬하게 곡선을 그리며 위로 날아올랐다가 다시 비스듬하게 아래로 떨어지지. 이런 운동을 포물선 운동이라고 한단다. 이때 하늘로 올라가는 야구공은 중력과 반대 방향이라 속력이 점점 줄어들고, 땅으로 떨어지는 야구공은 중력과 방향이 같아서 속력이 점점 증가하지. 그리고 야구공의 운동 방향은 포물선을 따라서 **계속 변한단다.** 이렇게 포물선 운동은 속력과 방향이 동시에 변하는 운동이야."

"그럼 중력 때문에 날아가는 공이 포물선 운동을 하는 건가요?"

"그렇지. 우리 공철이 **똑똑**하구나! 공은 사람이 던지거나 친 대로 날아가려고 하지만 중력이 날아가는 공을 자꾸만 아래로 잡아당겨 포물선을 그리며 날아가는 거야!"

공철이는 아빠가 해 준 말이 대충 무슨 뜻인지 이해했다는 표정을 지으며 다시 야구 중계를 보았다.

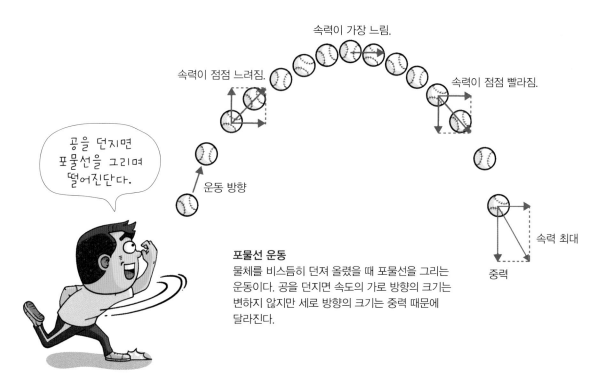

속력이 가장 느림.

속력이 점점 느려짐.

속력이 점점 빨라짐.

공을 던지면 포물선을 그리며 떨어진단다.

운동 방향

속력 최대

중력

포물선 운동
물체를 비스듬히 던져 올렸을 때 포물선을 그리는 운동이다. 공을 던지면 속도의 가로 방향의 크기는 변하지 않지만 세로 방향의 크기는 중력 때문에 달라진다.

방향을 바꾸는 변화구

"타석에 4번 타자가 들어서 있습니다. 류현진 선수 와인드업, 공을 던졌습니다. 제1구! 바깥쪽 직구 스트라이크, 타자는 서서 공만 쳐다보는군요. 제2구! 타자 앞에서 바깥쪽으로 휘어지는 공, 타자 힘차게 야구 방망이를 휘둘렀지만 헛스윙을 합니다. 제3구! 느린 변화구에 타자가 공을 맞히지 못하고 스윙 아웃입니다."

짝! 짝! 짝!

텔레비전 중계방송을 보던 아빠는 신나서 박수를 쳤다.

"류현진 선수가 공을 잘 던진 거죠? 그래서 타자가 아웃된 거죠?"

"그래, 맞아. 투수가 던진 공이 어떻게 날아가는지 궁금하지?"

"네!"

공철이가 냉큼 대답하자 아빠가 설명을 시작했다.

"우리나라 사람들은 투수가 던진 공을 크게 직구와 변화구로 구분한단다. 직구는 투수가 공을 빠르고 힘 있게 던져 거의 **직선에** 가깝게 날아가는 공을 말해. 엄밀히 따져 직구는 직선으로 날아가는 공이 아니라 '빠른 공'이란 뜻으로 '속구'라고 부르는 것이 더 적절한 표현이란다. 그래서 야구의 본고장인 미국에서는 빠름을 뜻하는 영어 패스트(fast)라는 말을 써서 패스트 볼(fast ball)이라고 한단다."

"아하! 그렇군요. 속구 또는 패스트 볼! 그럼 변화구는 투수가 던진 공이 타자 앞에서 마구 변하는 공이에요?"

"비슷해. 변화구는 투수가 던진 공이 갑자기 아래로 뚝 떨어지거나 위에

서 아래로 떨어지면서 옆으로도 휘어지는 등 공의 속도와 궤적을 바꾸어
던지는 것을 말해."

속구
거의 곧고 빠르게 날아가는 공이다.

변화구
공의 진행 방향이 변하는 공이다.

"아빠, 그런데 야구공이 어떻게 포물선을 그리지 않고 직선에 가깝게 날
아가기도 하고, 이쪽저쪽으로 *휙휙* 휘어질 수도 있어요?"

"공이 휘어지는 것은 투수가 공을 던질 때 회전시키기 때문이야."

"공을 회전시킨다고요?"

"그래. 투수가 던지는 모든 야구공은 회전을 하는데 그 회전이 공기를 변화시킨단다. 날아가는 야구공은 움직이는 방향과 반대 방향으로 공기와 맞부딪치게 되지. 이때 공이 회전하면서 공의 위쪽과 아래쪽에 흐르는 공기를 달라지게 만드는 거야."

"공기의 흐름이 달라지는 것과 공이 휘어지는 것과 무슨 관계가 있어요?"

"공의 위쪽에는 공기의 흐름이 공의 회전 방향과 일치해 더 빨리 움직이게 되고, 반대로 공의 아래쪽에는 공기의 흐름이 공의 회전 방향과 반대 방향이어서 공기의 흐름이 느려지게 된단다."

"그래서요?"

"위쪽 공기가 아래쪽 공기보다 빠르면 위쪽 공기의 압력은 줄어들고, 상대적으로 아래쪽 공기의 압력은 늘어나게 돼. 그러면 압력이 높은 아래쪽 공기가 압력이 낮은 위쪽으로 공을 떠받치는 힘이 생기게 된단다. 그래서 공은 압력이 높은 쪽에서 낮은 쪽으로 휘어지게 되는 거야. 즉 야구공

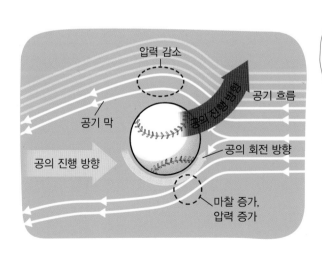

압력 감소

공기 흐름

공기 막

공의 진행 방향

공의 회전 방향

공의 진행 방향

마찰 증가,
압력 증가

공기의 흐름이 없었다면 시속 160km가 넘는 강속구도, 춤추듯 이리저리 변화하는 변화구도 볼 수 없었을 거야.

의 회전 방향으로 공이 휘게 되는 거란다."

"아하! 그래서 투수가 던진 야구공이 이리저리 휘어지는 거구나."

"야구공뿐만 아니라 야구공과 같은 구형의 물체는 회전하면서 액체나 기체 속을 통과할 때 압력이 높은 쪽에서 낮은 쪽으로 휘어지며 날아간단다. 이 효과를 '마그누스 효과'라고 해."

"공이 마구 날아가서 마그누스 효과인가요?"

"하하, 아니. 이런 현상을 1852년에 하인리히 마그누스라는 독일의 물리학자가 발견했기 때문에 그의 이름을 따서 그렇게 부르는 거야. 속구나 변화구 모두 이 마그누스 효과로 생겨난 거지."

"마그누스 할아버지 덕분에 멋진 변화구가 나온 거네요."

하하! 대포 포탄이 정확한 곳으로 날아가게 하는 방법을 연구하다가 발견했지.

← 하인리히 마그누스

꽝

와! 와!

야구공의 솔기가 홈런을 만들어

공철이와 아빠는 다시 야구 중계방송을 보기 시작했다.

"류현진 선수가 3회까지 상대편 타자들의 공격을 잘 막아 낸 가운데 4회 초 LA 다저스 공격입니다. 4번 타자, 타석에 들어섰습니다. 투수, 공을 던졌습니다. 타자가 야구 방망이를 힘차게 휘둘러 공을 쳤습니다. 야구 방망이에 맞은 공이 높이 떠서 쭉쭉 날아갑니다. **홈런, 홈런입니다!**"

공철이는 타자가 친 공이 얼마나 멀리 날아가야 홈런이 되는지 궁금했다. 그런데 마치 공철이의 궁금증을 알았다는 듯 방송에서 이렇게 말했다.

"타자가 친 공이 110m는 날아간 것 같습니다."

'110m! 순식간에 야구공이 멀리도 날아가네.'

공철이는 아빠에게 야구공이 어떻게 저렇게 **먼** 거리를 날아갈 수 있는지 물었다.

"타자가 친 야구공이 멀리 날아가는 것은 야구 방망이를 빠르게 휘두르면서 투수가 던진 야구공을 야구 방망이에 잘 맞혀서 그런 거야. 그리고 또 하나, 야구공의 생김새와도 깊은 관계가 있지."

"야구공의 생김새요?"

"만약에 야구공을 둥글지만 매끈하게 만들었다면 지금처럼 시원한 홈런을 보기 힘들었을걸."

"왜요?"

"공기의 저항 때문이야. 공기의 저항은 공기 중에 움직이는 물체에 작용하는 힘으로 일종의 마찰력이라고 할 수 있어."

"마찰력이오? 마차를 끄는 힘인가요?"

"아니, 마찰력은 물체의 운동을 방해하는 힘을 말해. 물체가 운동하는 방향의 반대 방향으로 작용하지. 접촉하는 단면이 거칠수록, 물체가 무거울수록 마찰력이 커진단다."

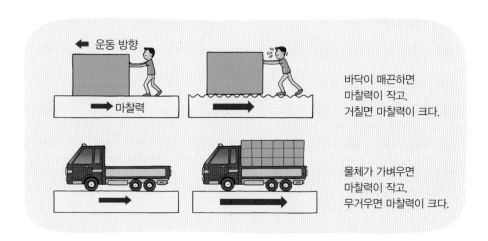

바닥이 매끈하면
마찰력이 작고,
거칠면 마찰력이 크다.

물체가 가벼우면
마찰력이 작고,
무거우면 마찰력이 크다.

"이상하네. 야구공을 매끄럽게 만들면 마찰력이 줄어들 거고, 그럼 공기의 저항을 덜 받을 거고, 공기의 저항이 작으면 야구공이 훨씬 빠르고 멀리 날아갈 텐데 왜 야구공이 매끈하면 홈런을 보기 힘들어요?"

"얼핏 생각하면 매끈한 공이 더 빠를 것 같지만 그렇지 않단다."

"어째서요?"

"좋아, 공기의 저항에 대해 좀 더 자세히 설명해 줄게. 공의 앞뒤 표면에 작용하는 압력의 차이 때문에 생기는 저항을 '형상 저항'이라고 해. 형상 저항을 줄여야 더 멀리 날아갈 수 있어. 공이 빠른 속도로 날아가면 공의 진행을 방해하는 얇은 공기 막이 만들어지는데 실밥이 회전하면서 공기 막을 깨뜨려 형상 저항을 감소시키는 역할을 하는 거야."

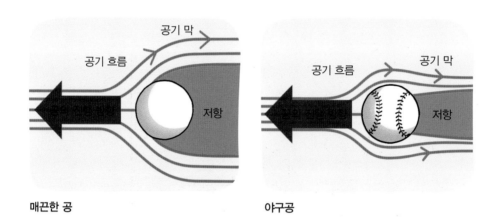

매끈한 공   야구공

"아, 실밥 때문에 공기 저항이 줄어들면서 멀리 날아갈 수 있는 거군요."

바로 그거야! 표면이 거친 물체가 공기 저항을 덜 받는다는 거지. 야구공에 실밥이 없다면 투수가 아무리 세게 던져도 공의 빠르기가 시속 130km를 넘기기 힘들다는 게 그동안의 연구 결과란다."

"와, 신기해요. 미끈할수록 저항이 줄어들 거 같은데 실밥이 오히려 빠르기에 도움이 된다니……."

"단, 시속 220km 이상으로 공이 날아간다면 거친 공보다 매끄러운 공이 공기 저항이 적어. 하지만 일반적으로 투수들이 던지는 최대 구속, 즉 공의 빠르기는 시속 165km를 넘지 않는다고 해."

"어째서 시속 220km를 넘으면 공기 저항이 줄어들어요?"

공철이의 질문에 아빠는 **당황한 표정**을 짓더니 이렇게 대답을 했다.

"그야, 과학자들이 알아낸 결과겠지!"

"그럼 다른 공은 어때요?"

"골프공의 표면이 달 표면처럼 **울퉁불퉁한** 것과 테니스공의 표면에 **털이** 나 있는 것도 그런 이유 때문이야."

"공기의 저항을 줄이기 위해서요?"

"맞아! 야구공의 솔기처럼 표면을 거칠게 하여 물체의 앞과 뒤의 압력 차이에 따른 저항을 줄이기 위한 것이지."

내가 꼴찌네.

야구공보다 작고 가벼워서 내가 더 빨라.

내가 가장 빨라!

같은 힘으로 던졌을 때 공의 속도는 공의 크기가 작고 가벼울수록 빠르단다.

야구공

테니스공

골프공

야..!

다른 공들은 어떻게 생겼을까?

　공을 사용하는 운동 경기를 구기 또는 구기 종목이라고 한다. 그리고 종목마다 크기와 무게, 생김새가 다른 공을 사용하고 있다. 왜 그럴까? 그건 경기의 방식과 규칙이 구기 종목마다 다르기 때문이다.

　야구공의 무게는 142~149g 정도이고, 둘레는 23~24cm로 아이들 주먹만 하다. 만약에 농구공으로 야구를 한다면 어떨까? 농구공은 너무 커서 투수가 던지기 쉽지 않고, 더군다나 속구나 변화구는 던질 수 없다. 야구 글러브로 공을 받기도 어렵고, 농구공을 야구 방망이로 칠 수는 있겠지만 홈런은 상상도 할 수 없을 것이다.

　야구공으로 농구를 한다면 어떨까? 공이 너무 작고 잘 튀지 않기 때문에 손으로 드리블을 하기 어려울 것이다. 야구공으로 축구를 한다면 축구의 센터링이나 멋진 헤딩슛은 볼 수 없을 것이다. 그래서 구기 종목의 공들은 종목의 성격에 맞는 크기와 모양을 갖고 있다.

난 드리블해서 바스켓에 넣는 농구공이야.

농구공의 무게는 567~650g 정도이고, 둘레는 75~78cm이다. 농구공은 180cm 높이에서 떨어뜨려 120~140cm 높이까지 튀어 오르도록 공기를 넣는다.

난 발로 뻥뻥 차서 골대 안으로 넣는 축구공이야.

축구공의 무게는 410~450g 정도이고, 둘레는 68~70cm이다. 보통 축구공 하면 검은 정오각형 12개와 하얀 정육각형 20개로 만든 것이지만 2006년에 개발된 축구공인 '팀가이스트'는 14개의 가죽 조각으로 되어 있어 탄성과 회전력이 좋다.

난 라켓으로 탕탕 치며 주고받는 테니스공이야.

테니스공은 지름이 6.9cm 정도이고, 무게 56g의 압축 공기를 채운 고무공이다. 표면은 펠트로 덮여 있다. 일반적으로 옅은 초록색 또는 노란색 펠트로 만든다.

난 코스 위에 가만히 놓고 클럽으로 정해진 홀에 넣는 골프공이야.

골프공은 무게가 45.93g보다 무겁지 않고, 지름이 42.67mm보다 작지 않아야 한다. 골프공의 움푹 파인 자국을 딤플이라고 하는데 공 1개에 딤플이 300~500여 개가 있다.

야구공도 공이니까 튄다!

"류현진 선수, 9번 타자로 타석에 들어섰습니다. 상대 투수, 공을 던졌습니다. 초구는 느린 변화구, 투수 와인드업 제2구를 던졌습니다. 빠른 공, 류현진 선수 야구 방망이를 휘두르며 공을 쳤습니다. 류현진 선수가 친 공이 좌익수 키를 넘기고 펜스 앞에서 한 번 크게 튕기더니 펜스를 넘어갑니다. 그라운드 더블! 2루타로 인정됩니다."

"와!"

공철이는 아빠와 함께 환호성을 질렀다. 비록 홈런포가 터지지 않아 아쉽기는 하지만, 류현진 선수가 투수이면서도 멋지게 안타까지 쳤으니 신바람이 났다.

"공철아, 공이 땅을 맞고 튀어 오르는 걸 바운드라고 한단다."

"근데 딱딱한 야구공이 어떻게 저렇게 튀어 올라 사람 키보다 훨씬 높은 펜스를 넘을 수 있죠? 신기해요."

"그건 탄성 때문이야."

"탄성? 새까맣게 타는 성질인가요?"

통통 잘
튕기지?

통   통   통

"탄성은 외부의 힘을 받아 변형된 물체가 외부의 힘이 없어지면 원래의 모양으로 되돌아가려는 성질을 말해. 변화된 물체가 원래의 모양으로 돌아오는 힘을 '탄성력'이라고 부른단다."

"아하, 용수철을 **눌렀다** 놓으면 원래 모양으로 돌아오는 것처럼요?"

"우아, 우리 공철이 똑똑하네. 과학도 잘 이해하고."

공철이는 칭찬을 듣고 기분이 좋아 **방끗** 웃었다.

"중계방송에서 류현진 선수가 친 공이 그라운드 더블이 되었다고 했지?"

"그랬어요! 그러면서 2루타로 인정된다고도 했어요."

"그라운드 더블은 타자가 친 공이 경기장 땅에 맞고 홈런 담장을 넘어간 경우 2루타, 즉 타자가 2루까지 갈 수 있다고 인정해 주는 거야."

"아하! 그래서 류현진 선수가 2루까지 간 거구나!"

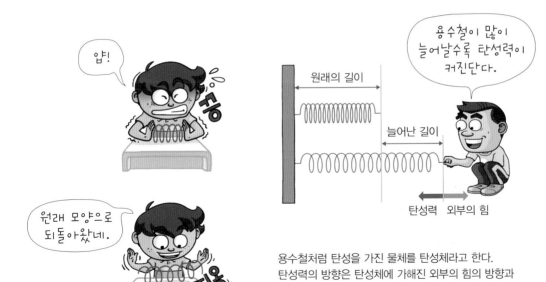

압!

원래 모양으로
되돌아왔네.

용수철이 많이
늘어날수록 탄성력이
커진단다.

원래의 길이

늘어난 길이

탄성력   외부의 힘

용수철처럼 탄성을 가진 물체를 탄성체라고 한다.
탄성력의 방향은 탄성체에 가해진 외부의 힘의 방향과
반대이다. 탄성력은 탄성체가 변형된 길이에 비례한다.

"야구공이 야구 방망이에 맞아 날아가는 것도 탄성에 영향을 받은 거야. 탄성이 높은 공은 탄성이 낮은 공보다 더 멀리 날아가지."

"야구공의 탄성은 어느 정도나 될까요?"

"두 물체가 **충돌**할 때 다시 튀어 나가는 정도를 수치로 나타낸 것을 반발 계수라고 해. 공식 시합에 사용하는 야구공은 일정한 높이에서 대리석 바닥으로 떨어뜨려 튕겨 올라오는 높이를 측정해서 반발 계수를 구하는데 공식 규정은 반발 계수가 0.413~0.437 범위 이내에 들어야 해."

"0.4……."

공철이는 고개를 갸웃하며 숫자를 **얼버무렸**다.

"반발 계수 0.4는 높이 1m에서 대리석에 공을 떨어뜨릴 때 공이 0.4m 정도 튕겨 올라오는 수치란다."

"아빠! 탄성, 탄성력, 반발 계수 이런 말은 과학책에서나 나오는 거 아니에요?"

"맞아. 과학 중에서도 주로 물리라는 과목에 해당하는 내용들이지."

"물리? 과학도 어려운데 물리라는 말을 들으니 머리가 **어질어질**해요."

"물리는 물체의 운동에 대해 연구하는 학문이야. 스포츠와는 떼려야 뗄 수 없는 관계이지."

"야구공 하나에 여러 가지 과학 이야기가 숨어 있었네요."

"그래. 야구공에도, 야구공의 움직임에도 과학이 숨 쉬고 있단다."

통통, 탄성의 비밀

탄성에 대한 현상을 정리한 사람은 영국의 과학자인 로버트 훅이다. 로버트 훅은 만유인력을 발견한 뉴턴과 같은 시대에 영국의 런던에 살았고, 뉴턴과 과학적 논쟁을 벌이기도 했다. 그는 현미경으로 식물의 세포를 제일 먼저 관찰하고, 이를 작은 방이라는 뜻으로 '셀(cell)'이라는 이름을 최초로 사용한 사람이다.

용수철의 늘어나는 길이(x)는 용수철을 당기는 힘의 크기(F)에 비례한다. 이렇게 물체의 변형은 힘의 크기에 비례한다는 법칙을 '훅의 법칙'이라고 부른다. 그러나 용수철에 작용하는 힘이 너무 강하면 용수철이 너무 늘어나 본래의 모양으로 되돌아갈 수가 없다. 즉 훅의 법칙이 성립하지 않는다. 아무리 탄성이 좋은 물체라도 지나치게 힘을 주면 탄성이 없어져 힘을 제거해도 변형이 남는다.

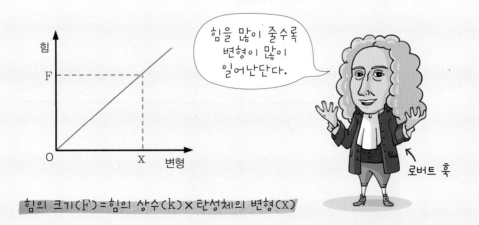

힘을 많이 줄수록 변형이 많이 일어난단다.

로버트 훅

힘의 크기(F) = 힘의 상수(k) × 탄성체의 변형(X)

Q | 낙하 운동을 하는 물체는 속력이 어떻게 변할까?

A | 낙하 운동은 중력을 받아 물체가 지구 중심 방향으로 떨어지는 운동이다. 처음 속력이 0인 상태로 지표면을 향해 떨어지는 물체의 운동을 자유 낙하라고 한다. 공 중에서 공을 잡고 있다가 놓으면 공은 자유 낙하를 하 게 되는데 처음에 속력이 0이었던 공은 중력 때문에 아 래로 떨어질수록 속력이 점점 빨라진다.

Q | 비스듬히 던져 올린 물체는 어떤 운동을 할까?

A | 비스듬히 던져 올린 물체는 포물선을 그리며 올라갔다가 내려오는 포물선 운동을 한다. 포물 선 운동으로 물체가 올라갈 때는 속력이 점점 감소하고, 일정한 높이에서 다시 포물선을 그리 며 내려올 때는 속력이 점점 증가한다. 물체가 올라갈 때는 운동 방향과 중력의 방향이 반대 여서 속력이 점점 감소하고, 물체가 내려올 때는 운동 방향과 중력의 방향이 동일해서 속력이 점점 빨라지는 것이다.

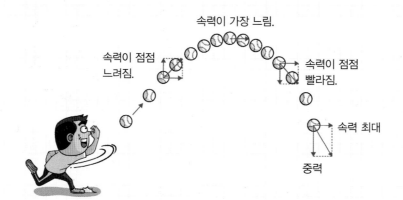

| # 마찰력이 무엇일까?

 | 마찰력은 두 물체가 접촉하는 면에서 물체의 운동을 방해하는 방향으로 생기는 힘이다. 마찰력은 물체의 접촉면이 거칠수록 커지고, 접촉면이 매끄러울수록 작아진다. 또한 물체가 무거울수록 마찰력이 커지고, 물체가 가벼울수록 마찰력이 작아진다.

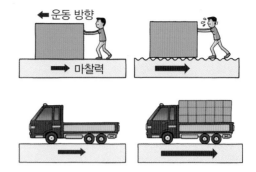

 | # 야구공에 탄성력이 없다면 어떨까?

탄성력은 외부의 힘을 받아 모양이 변한 물체가 원래 상태로 되돌아가려는 힘이다. 예를 들어 용수철을 힘으로 눌렀다 놓았을 때 용수철이 원래 상태로 되돌아가는 것은 탄성력 때문이다. 만약 탄성력이 없다면 줄어든 용수철은 그대로 있을 것이다. 야구공에 탄성력이 없다면 야구 방망이에 맞은 야구공은 멀리 날아가지 못하고 바닥으로 툭 떨어질 것이다. 반면 야구공의 탄성력이 고무공처럼 크다면 약간의 충격만으로도 야구공이 사방으로 튕겨져 나가 야구 경기가 어려울 것이다.

2장 사촌 형과 캐치볼을 하다

공을 잘 던지고 싶어

오늘은 공철이가 사촌 형과 야구 연습을 하기로 한 날이다. 공철이는 얼마 전 아빠에게 생일 선물로 받은 야구 글러브와 연습용 야구공을 챙겨 집을 나섰다. 공철이는 동네에서 그리 멀지 않은 강변 운동장에서 사촌 형을 만나기로 했다.

"공철이 왔구나!"

운동장에 미리 도착해 있던 사촌 형이 공철이를 반갑게 맞아 주었다. 그것도 멋진 야구 유니폼을 입고서 말이다.

공철이의 사촌 형은 고등학교 야구 선수이다. 공철이가 야구를 가르쳐 달라고 하도 졸랐더니, 오늘 만나 야구의 기초를 가르쳐 주기로 했다.

"형, 안녕! 역시 야구 선수는 다르구나! 야구 유니폼이 참 멋지네."

공철이는 멋진 야구 유니폼을 입고 가방에 야구 글러브와 야구 방망이를 함께 넣고 다니는 사촌 형이 부러웠다. 그리고 자기에게 야구를 가르쳐 주러 와 준 것도 고마웠다.

"공철아, 우선 캐치볼 먼저 해 보자."

"캐치볼?"

"응, 공을 서로 주고받는 거 말이야."

공철이와 사촌 형은 운동장 한쪽에서 서로에게 공을 던지고 받으며 야구 연습을 시작했다.

팍! 팍!

야구 글러브에 공이 들어가는 소리가 무척이나 경쾌했다.

"공철아, 공을 던지고 받는 자세가 꽤 **부드럽네.** 야구에 제법 소질이 있어 보여."

사촌 형의 말에 공철이는 어깨가 **으쓱,** 기분이 좋았다. 그런데 어깨에 자꾸 힘이 들어가 공을 힘차게 던지게 되었다. 그래서인지 공을 던지면 던질수록 처음과는 다르게 공철이가 던진 공은 사촌 형이 서 있는 자리보다 더 멀리 날아가기 일쑤였다. 공을 받으러 여러 차례 뒷걸음질을 치던 사촌 형이 공철이를 향해 외쳤다.

"공철아, 아무래도 공 던지는 방법부터 제대로 배워야겠다."

"좋아, 나도 형처럼 공을 잘 던지고 싶어."

공철이는 의욕적으로 형의 말에 **귀 기울였다.**

수비의 기본은 송구

"공철아, 수비 팀 선수가 동료나 어떤 목표물을 향해 공을 던지는 것을 송구, 공을 받는 것을 포구라고 해. 그리고 투수가 타자석에 있는 타자를 향해 던지는 것을 투구라고 하지. 송구와 포구는 수비의 가장 기본이 되는 매우 중요한 동작이야."

"아, 그래서 야구에서는 공을 주고받는 것이 매우 중요하구나."

"그렇지. 우선 엄지, 검지, 중지 세 손가락을 적당한 간격으로 벌려 공을 쥐어 볼래?"

공철이는 사촌 형이 시키는 대로 공을 쥐었다.

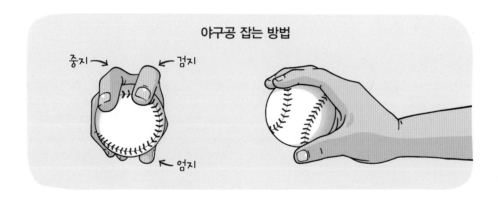

야구공 잡는 방법

"팔꿈치 윗부분의 힘을 빼고 활시위를 당기듯 팔을 귀 뒤쪽으로 당겼다가 허리를 돌리면서 팔을 펴며 손에 있는 공을 던져 봐."

"이렇게?"

공철이는 사촌 형이 가르쳐 주는 대로 공을 던졌다. 처음에는 좀 어색했지만 여러 번 공을 던지다 보니 제법 자세가 나오고, 공이 엉뚱한 곳으로 날아가지 않았다. 사촌 형은 공철이와 여러 번 캐치볼을 하다가 캐치볼을 멈추고 공철이에게 다가가 말했다.

"공철아, 공을 잘 던지려면 공을 던지는 순간에 공을 던지고자 하는 방향으로 몸을 틀어야 해. 팔을 자연스럽게 움직이면서 몸의 《회전력》을 이용해 힘을 주는 거야."

공철이 사촌 형은 직접 동작 시범을 보이며 힘의 전달 과정을 강조했다.

"또 공 던지는 방법도 **다양해.** 투구법에는 오버핸드 스로, 언더핸드 스로 등이 있단다. 오버핸드 스로는 가장 정통적인 투구 자세로 팔을 머리 뒤에서부터 머리 위로 휘두르며 던지는 동작이야. 언더핸드 스로는 팔을 허리 아래에서 위로 쳐올리듯이 던지는 투구법이지."

"공 던지는 방법이 여러 개였어?"

"그럼, 사이드암 스로와 스리쿼터 스로라는 것도 있어. 사이드암 스로는 오버핸드 스로와 언더핸드 스로의 중간 지점으로 공을 던지는 방법인데, 몸을 **수평하게** 옆으로 비틀면서 던지는 거야. 주로 팔꿈치와 손목을 이용하여 손을 옆으로 하여 던지는 거지. 스리쿼터 스로는 오버핸드 스로와 사이드암 스로의 중간 위치에서 공을 던지는 방법이야."

오버핸드 스로

언더핸드 스로

사이드암 스로

스리쿼터 스로

"**으악,** 너무 많아. 그것을 다 알아야 해?"

"당연하지. 내야수와 외야수는 수비의 위치와 범위, 수비하는 방법 등이 다르기 때문에 송구하는 방법도 차이가 있어. 내야수는 주자가 달릴 때 베이스에서 아웃시키기 위해 공을 잡고 즉시 던질 수 있게 **짧고** 간결한 동작으로 공을 던져야 해. 그러다 보니 사이드암 스로로 던지는 경우가 많아. 외야수는 공을 잡은 곳에서 베이스 또는 홈까지 **멀리** 공을 던져야 하니까 주로 오버핸드 스로와 스리쿼터 스로로 공을 던져."

"외야수는 한 번에 홈까지 공을 던지려면 힘이 무척 좋아야겠는걸."

"공철아, 공을 홈으로 보낼 때는 땅에 한 번 튕기며 보내는 원 바운드 송구를 해. 공이 포물선을 그리고 날아가는 것보다 원 바운드로 가는 게 공이 공중에 머물러 있는 시간이 짧아서 주자를 아웃시키기 유리하거든."

"**하하, 그렇구나.** 야구는 정말 알아야 할 것이 많은 스포츠 같아."

내야수
몸의 자세는 낮추고 팔을 구부려 상대에게
공을 재빨리 던진다.

외야수
공의 실밥에 손가락을 맞추고 크게 팔을
돌리면서 공을 던진다.

땅볼, 뜬공은 어떻게 잡을까?

얼마나 시간이 흘렀을까? 이번에는 사촌 형이 야구 방망이로 공을 이리저리 쳐 주며 공철이에게 포구 연습을 시켰다.

공철이는 **데구루루** 구르거나 **통통** 튀기거나 공중으로 날아오는 공을 글러브로 잡으려 했다. 하지만 구르는 공을 뒤로 빠트리거나 날아오는 공이 어디에 떨어질지 몰라 번번이 놓치고 말았다. 공철이의 얼굴은 점점 시무룩해졌다.

"낮은 자세로, 발을 앞뒤로 움직여!"

사촌 형은 큰 소리로 공철이에게 주의할 점을 알려 주다 아무래도 공철이의 포구 동작이 **어색했는지** 공철이에게 다가와 포구 동작에 대해 설명해 주었다.

"타자가 친 공이 땅에 구르거나 튀어 올 때는 최대한 낮은 기마 자세로 공을 잡아야 해. 자세가 낮으면 공이 오는 위치를 정확히 파악할 수 있거든. 강하게 공이 구르는 경우에는 한쪽 무릎을 땅에 짚고 허리를 낮추어 공을 잡아야 해. 그렇지 않으면 공이 두 다리 사이로 빠져나갈 수 있어."

"**아하!** 그렇구나."

땅볼은 이렇게 허리를 숙여 공을 잡을 위치까지 최대한 자세를 낮추어야 해.

땅볼 잡는 방법
등을 지면과 수평으로 하고, 앞으로 엎드린 자세를 취한다. 무릎은 약간 구부려 유연하게 하며 턱을 들어 공을 주시한다.

"그리고 타자가 친 공이 하늘 높이 올라갈 때 뜬공이라고 해. 뜬공을 잘 잡으려면 발을 조금씩 움직이면서 공이 떨어지는 지점을 잘 찾아야 해. 그냥 **멍하니** 서 있으면 공의 속도를 계산하기 힘들지만 조금씩 앞이나 뒤로 움직이면 공을 바라보는 위치가 달라지기 때문에 공의 속도를 가늠할 수 있어."

뜬공은 항상 두 손으로, 글러브를 옆으로 뉘어서 잡아야 해.

뜬공 잡는 방법
글러브가 얼굴 바로 앞쪽에서 약간 위로 오게 두 손으로 잡는다. 이때 공이 흘러 떨어지지 않도록 반드시 글러브를 45°로 기울인다.

"아, 정신을 **바짝** 차리고 항상 준비하고 있어야 하는구나."

"그렇지. 그리고 조금씩 뒤로 물러났는데도 공이 계속 위로 올라가는 것처럼 보이면 그 공은 더 뒤로 날아갈 확률이 높아. 몸을 왼쪽과 오른쪽으로 움직이면 공의 방향을 쫓는 데 도움이 돼. 이때 발도 왼쪽과 오른쪽으로 움직이는 거야."

"그럼 발을 계속 움직이고 있어야 해?"

"응. 사람은 양쪽 **눈에 보이는** 영상의 차이를 통해 입체감을 느끼거든. 그런데 바라보는 물체의 거리가 멀면 양쪽 눈에서 보이는 영상의 차이가 거의 없어서 입체감을 제대로 느끼지 못해. 그래서 몸과 발을 움직여서 입체감을 느끼고 그러면서 **공의 위치**를 찾는 거야."

"**우아,** 그렇게 깊은 뜻이 있었구나!"

"내야 뜬공을 받을 때는 공의 움직임이 달라 좀 더 주의를 기울여야 해."

"어떻게?"

이렇게 발을 앞뒤, 좌우로 움직이란 말이지.

그래, 몸을 움직이면서 공의 위치를 찾으라는 거야.

"내야 뜬공은 보통 야구 방망이 윗부분에 맞아서 위쪽에서 진행 반대 방향으로 회전해. 그러면 공 윗부분과 뒷부분의 압력이 낮아져 포물선 궤적보다 위쪽으로 **솟아오른 뒤** 정점 부근에서 회전이 약해지며 중력에 이끌려 땅으로 떨어지는 것이지."

공철이는 사촌 형의 말에 알쏭달쏭한 표정을 지으며 눈만 깜박거렸다.

"예를 들어 포수 위로 뜬공은 공이 올라갈 때면 뒷부분의 압력이 낮아 포수를 향해 휘지만 땅으로 떨어지기 시작하면 앞부분의 압력이 낮아져 투수 쪽으로 휘며 영어 필기체 ℓ 자 형태로 움직여. 그래서 포수는 이런 타구를 투수 쪽을 등지고 잡는 경우가 많지."

"와! 형은 야구 선수가 아니라 야구 코치나 감독 같아."

공철이 말에 사촌 형은 기분이 좋았는지 **활짝 웃었다.**

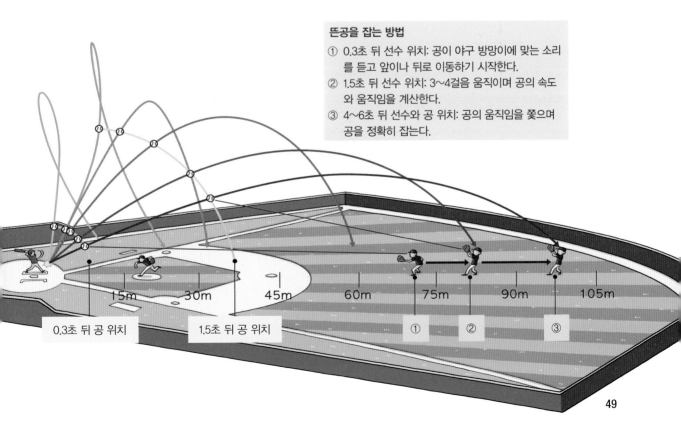

뜬공을 잡는 방법
① 0.3초 뒤 선수 위치: 공이 야구 방망이에 맞는 소리를 듣고 앞이나 뒤로 이동하기 시작한다.
② 1.5초 뒤 선수 위치: 3~4걸음 움직이며 공의 속도와 움직임을 계산한다.
③ 4~6초 뒤 선수와 공 위치: 공의 움직임을 쫓으며 공을 정확히 잡는다.

15m 30m 45m 60m 75m 90m 105m

0.3초 뒤 공 위치   1.5초 뒤 공 위치

① ② ③

투수들은 어떻게 공을 던질까?

사촌 형은 포구 연습에 이어 이번에는 투수 자세를 가르쳐 주었다.

"우선 손을 글러브에 넣고 공을 잡은 상태로 겨드랑이가 보이게 양손을 머리 위로 높이 쳐들어."

"이렇게?"

"그렇지. 그런 동작을 와인드업이라고 해. 그다음에는 양손을 내리고 축이 되는 발로 체중을 옮겨."

"이렇게?"

"응. 그다음에는 축이 되는 발의 반대 다리를 들고 던지는 팔의 방향으로 몸을 틀면서 내딛는 발을 몸 앞쪽으로 옮겨 힘을 **집중시켜.**"

공철이는 어느새 사촌 형이 하는 말과 동작을 따라 하고 있었다.

"축이 되는 발에서 앞으로 내딛는 발로 체중을 옮기며, 내딛는 발이 땅에 닿는 순간에 공을 쥐고 있는 팔을 유연하게 앞으로 뻗으며 공을 던지는 거야. 공을 던진 다음에는 축이 되는 발로 **몸의 균형**을 잡으면 돼."

"어휴, 생각보다 어렵네."

"그게 바로 투수가 포수에게 공을 던지는 방법이야."

공철이는 머리를 끄덕이며 마치 자기가 투수가 된 듯 **폼**을 잡으며 여러 차례 투수의 투구 동작을 되풀이해 보았다. 그러다가 뜬금없이 사촌 형에게 질문을 했다.

"형, 그런데 야구 용어는 왜 온통 영어야?"

"그야, 야구가 미국에서 발전한 스포츠니까 그렇지. 말이 좀 어렵지? 그런데 공을 잡는 법이나 공을 던지는 법이 모두 알려진 건 아니래."

"그래? 야구는 생각보다 **복잡한 운동**이구나."

"맞아. 또 예측하기 어려운 공의 움직임 때문이기도 해. 이런 걸 통틀어 마술 같은 공이라고 해서 **마구**라고 해."

"마구는 야구 만화에서만 나오는 줄 알았는데, 신기하다!"

투수들이 던지는 공 총집합!

투수가 공을 던지는 방식에 따라 구분되는 투구의 종류를 구종이라고 한다. 패스트 볼은 공의 속도가 빠르면서 공이 휘어지는 정도가 작으며, 거의 직선으로 날아가는 구종이다. 흔히 직구라고 하는데 속구라는 말이 정확한 것이다. 패스트 볼은 투수가 공을 잡는 방식에 따라 포심 패스트 볼과 투심 패스트 볼로 나뉜다.

공의 속도는
포심 패스트 볼이 더
빠르고, 변화는 투심
패스트 볼이 더 커.

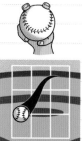

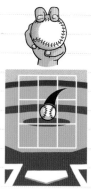

포심 패스트 볼　　　**투심 패스트 볼**

커브 볼은 홈 플레이트
부근에서 땅으로
큰 각도를 그리며
떨어지는 투구야.

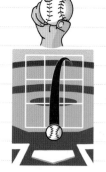

커브 볼

브레이킹 볼은 패스트 볼보다 공의 속도는 좀 느리지만 공의 궤적이 심하게 좌우로 휘어지는 구종을 말한다. 이를 흔히 변화구라고 한다. 변화구에는 커브 볼, 스크루 볼, 슬라이드 볼이 있다.

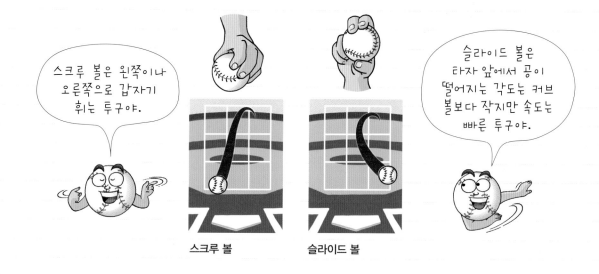

스크루 볼

슬라이드 볼

체인지업 볼은 타자의 타이밍을 뺏기 위해 속구를 던지는 것과 거의 비슷한 자세로 공을 던지지만 공의 속도를 확 줄여 던지는 구종이다. 서클 체인지업, 스리핑거 체인지업, 팜 볼, 포크 볼 등이 있다.

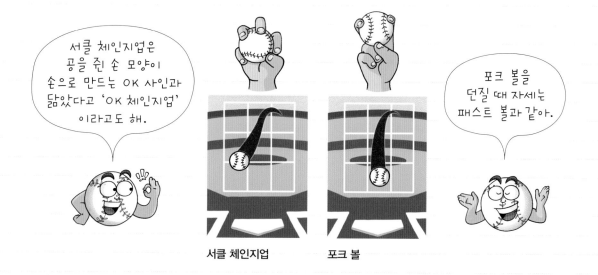

서클 체인지업

포크 볼

야구 방망이와 친해지기

"자, 그럼 이번에는 타격하는 방법을 가르쳐 줄게."

"와! 신난다. 이제 안타나 홈런을 칠 차례가 왔구나!"

사촌 형은 공철이에게 야구 방망이를 잡는 법과 휘두르는 동작에 대해 가르쳐 주었다. 공철이는 사촌 형이 하라는 대로 야구 방망이를 잡고 휘두르다가 문득 고개를 갸우뚱했다.

"형, 야구 방망이는 왜 이런 모양이야?"

공철이는 야구 방망이에 대한 궁금증을 참지 못해 사촌 형에게 물었다.

"야구 방망이는 공정한 경기를 위해 규격이 정해져 있어. 시대의 흐름에 따라 여러 차례 변했는데 지금은 겉면이 고른 둥근 나무로 굵기는 가장 굵은 부분의 지름이 7.3cm, 길이는 106.8cm 이하로 해야 해. 그리고 하나의 나무 목재로 만들어야 해."

"그래? 나무 여러 조각을 붙여 만들면 안 돼?"

"응. 2개 이상의 조각을 붙여 만드는 접착 방망이와 원목을 순간 압축해서 만드는 압축 방망이는 사용을 금지한다는 규정이 있어."

"까다롭네. 그런데 야구 방망이 손잡이 끝부분은 왜 이렇게 만들었어?"

"손잡이 부분은 지름이 대략 2.5cm로 타자가 손으로 잡기 쉽고 편하도록 만들었어. 그리고 손잡이 끝부분을 문손잡이처럼 둥글게 만든 것은 손에서 방망이가 미끄러지는 것을 막기 위해서야. 그 부분을 영어로 노브(Knob)라고 해."

"노브? 노브가 없다면 어떨까?"

"타자가 아무리 손으로 방망이를 꼭 쥐어도 휘두를 때 손에서 **쑥** 빠져나갈 거야. 그랬다간 자칫 포수나 투수, 내야수는 물론 관중석까지 **횡** 하고 날아가는 위험한 사태가 벌어질 수도 있지."

"정말 그렇겠네! 생각만 해도 아찔하다."

"그런 사태를 피하기 위해 타자가 방망이의 윗부분을 잡게 되면, 힘차고 강하게 방망이를 휘두르기가 힘드니까 홈런이나 외야로 시원하게 날아가는 타격을 보기 어려울 거야."

"아하! 그런 이유 때문에 노브가 있구나!"

"그래. 이제 야구 방망이 잡는 법을 알려 줄게."

공철이는 사촌 형이 가르쳐 준 대로 방망이를 잡아 보았다.

"이렇게 잡으면 되는 거지?"

"그래, 잘했어. 처음에는 어려워도 연습하다 보면 점점 익숙해질 거야."

사촌 형은 열심히 따라 하는 공철이가 **기특한지** 공철이 머리를 쓰다듬어 주었다.

"형, 투수가 던진 공을 잘 치려면 어떻게 해야 해?"

"음, 그때도 기술이 필요하지. 투수가 던진 공을 타자가 치기까지 1초도 걸리지 않아."

"뭐? 1초도 안 걸린다고?"

"그럼. 시속 150km로 던진 공이 포수에게 도달하기까지 걸리는 시간은 0.4초라고 해. 물론 초등학생이 던진 공의 속도가 그렇게 빠르지는 않겠지만, 그래도 투수가 던진 공을 타자가 치기까지의 시간은 무척 짧단다."

"휴, 그렇게 **짧은 시간**에 어떻게 공을 친담."

"이렇게 짧은 시간 안에 타자는 투수가 던진 공이 속구인지 변화구인지 판단해서 공이 날아오는 위치에 맞추어 방망이를 휘둘러야 해. 하지만 공이 오는 방향과 속력, 공의 성질 등을 잘 판단해서 제대로 타격하는 것이 쉽지 않지. 그래서 프로 야구 선수들은 **무수한 반복 연습**을 통해 뇌가 판단하기 전에 몸이 먼저 움직이는 반사 작용으로 공을 친대."

"그만큼 무수히 연습을 했다는 거네. 대단하다!"

이번에는 사촌 형이 공철이에게 기본 타격 자세를 가르쳐 주었다.

"우선 타자는 머리, 귀, 얼굴을 보호하는 헬멧을 쓰고, 미끄러지지 않도록 밑창에 스파이크가 박힌 신발을 신어야 해. 자, 내가 하는 타격 자세를 자세히 잘 봐."

"아, 그렇게 하면 되는구나. 그런데 형처럼 잘될지 모르겠어."

"열심히 연습하면 자연스럽게 몸에 익숙해질 거야."

"야구 방망이를 휘두르는 자세가 몸에 익숙해지면 홈런을 칠 수 있어?"

"아니, 그것만으로는 어려워. 투수가 던지는 공을 야구 방망이에 정확하게 맞혀야 되거든."

공철이는 사촌 형과 함께 계속 타격 연습을 했다.

어떻게 홈런을 칠까?

"형, 어떻게 해야 공을 잘 칠 수 있어?"

"초·중학교 야구에서는 투수가 변화구를 던지지 않아. 그래서 너는 투수가 던지는 공의 속도와 높이를 잘 헤아리기만 하면 잘 칠 수 있어. 하지만 고등학교 이상의 아마추어 경기나 프로 경기에서는 변화구 등 투수가 타자들을 상대로 여러 가지 종류의 공을 던지기 때문에 좀 더 복잡해지지."

"공을 정확히 맞히려면 어떻게 해야 해?"

"우선 투수가 던지는 공을 잘 봐야 해. 그리고 공을 방망이로 치는 순간에 타격 자세가 흐트러지지 않아야 해. 이때 양팔을 쭉 펴며 끝까지 야구 방망이를 자연스럽게 휘둘러야 해."

"자연스럽게 휘둘러?"

"응. 그래야 공에 강한 충격이 더해져 좋은 타격을 할 수 있어. 자세가 자연스럽지 않고 굳어져 있으면 공을 정확히 방망이에 맞히기가 어려워."

"방망이의 어느 부분에 공을 맞혀야 하는데?"

"바로 요기."

사촌 형은 방망이의 어느 한 부분을 가리키며 말했다.

"바로 이 지점에 공이 맞으면 반발력이 가장 크기 때문에 타자는 충격을 가장 적게 느끼고, 공은 가장 멀리 날아가지. 방망이에 공이 맞았을 때 가장 적은 힘을 들이고도 가장 멀리 날아갈 수 있는 지점을 스포츠 용어로 '스위트 스폿'이라고 불러."

"스위트 스폿? 스위트는 달콤하다는 뜻이잖아. 뭐가 달콤해?"

"하하, 여기서는 스위트가 달콤하다는 뜻이 아니야. 스위트 스폿은 테니스 라켓, 골프채, 야구 방망이 등에 공이 맞았을 때 가장 멀리 날아가는 부분을 말해. 야구 방망이에서는 나무 재질과 형태, 스윙 방법에 따라 스위트 스폿의 위치가 달라지지만 일반적으로 야구 방망이의 끝에서 약 5~10cm 정도 떨어진 지점이란다."

사촌 형은 공이 스위트 스폿에 정확히 맞으면 팅 하는 경쾌한 소리와 함께 공이 시원하게 날아간다고 했다. 공이 야구 방망이에 맞는 순간, 야구 선수들이 홈런인지 짐작하는 것도 공이 스위트 스폿에 정확하게 맞으면 경쾌한 소리가 나면서 손에 《진동》을 거의 느끼지 않기 때문이라고 했다.

13cm
스위트 스폿
10cm
야구 방망이

스위트
스폿
골프채

스위트 스폿
테니스 라켓

아, 스위트 스폿에 맞아야 홈런을 칠 수 있구나.

야구 방망이의 무게

"공철아, 이 야구 방망이의 무게는 어느 정도 될 것 같니?"

"글쎄…… 한 1kg?"

"후후, 비슷해. 야구 선수들은 무게가 보통 900g 정도인 야구 방망이를 사용해. 방망이가 너무 **무거우면** 타자가 방망이를 휘두르는 데 힘이 너무 많이 들어. 그러니 빠르게 휘두를 수 없지."

"그러면 빠른 공을 **딱** 하고 맞히기가 쉽지 않겠구나."

"그래. 야구 방망이를 휘두르는 속도가 느려 투수가 던진 빠른 공을 맞히기 어렵지."

"그러면 가벼운 야구 방망이가 좋은 방망이야?"

"너무 **가벼우면** 방망이의 두께가 얇아서 타격을 할 때 방망이가 쉽게 부러질 수 있고, 반발력이 약해져 타자가 친 공이 멀리 날아가지 못해."

"왜 멀리 날아가지 못해?"

"왜냐하면 공이 날아가는 거리를 결정하는 운동량은 질량과 속력에 비례하기 때문이야. 즉 물체의 운동 에너지는 질량, 속력과 관계가 있어. 여기서 타자의 체중과 방망이의 무게는 질량에 해당되고, 방망이를 얼마나 빠르게 휘두르는지, 즉 **빠른** 스윙 스피드가 속력에 해당돼. 이 두 가지 요소가 동시에 높을 때 공이 멀리 날아가는 거야."

"아, 그래서 자신의 신체 조건에 맞는 방망이를 골라야 하는 거구나."

"그렇지. 또 체력이 좀 떨어지면 약간 가벼운 야구 방망이로 바꾸기도 해. 그리고 연습할 때는 약간 무거운 것을 사용하다가 경기할 때는 가벼운 것을 쓰기도 해."

"킥킥, 나도 집에 가서 아빠한테 내 몸에 꼭 맞는 야구 방망이를 사 달라고 해야지. 신난다!"

야구 방망이 선택 방법
자신의 체격과 신체 조건에 알맞은 방망이를 골라 사용한다. 아동용은 길이 70cm, 무게 600~650g이고, 청소년용은 길이 78cm, 무게 650~700g이고, 성인용은 길이 83cm, 무게 770~800g이다.

"그래. 이대호 선수의 야구 방망이 무게는 920g, 추신수 선수의 야구 방망이 무게는 890g 정도라고 해."

"와! 그런 정보까지 알고 있다니 역시 형은 야구 선수다워! 그런데 방망이는 **어떤 나무**로 만들어? 소나무? 은행나무?"

"전 세계적으로 프로 야구에서 사용하는 야구 방망이는 가벼우면서도 단단한 물푸레나무와 단풍나무로 만든대. 프로 야구에서 사용할 수 있는 방망이의 색깔은 담황색, 다갈색, 검정색이야. 그런데 넌 아직 그런 거 몰라도 돼."

"왜?"

"너 같은 어린이들은 대회에서 알루미늄으로 만든 방망이를 사용하거든."

한 번 써 보고 느낌이 좋지 않으면 더 이상 사용하지 않아.

이승엽 →

이승엽 선수의 방망이 무게는 900g, 길이는 약 86.4cm이고, 물푸레나무로 만들었다.

마음에 드는 방망이를 들고 경기에 나가야 안정이 돼.

박병호 →

박병호 선수의 방망이 무게는 870g, 길이는 약 86.4cm이고, 단풍나무로 만들었다.

경기 전 다른 선수에게 방망이를 주면 경기가 잘 안 풀려.

김태균 →

김태균 선수의 방망이 무게는 920g, 길이는 약 86.4cm이고, 단풍나무로 만들었다.

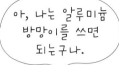

유소년 야구 선수들은 알루미늄 방망이를 사용한다.

"알루미늄 방망이?"

"그래. 알루미늄이라는 금속으로 만든 방망이야."

"아이들은 왜 알루미늄 방망이를 사용해?"

"알루미늄 방망이는 1970년대에 만들어졌는데 물푸레나무나 단풍나무로 만든 방망이보다 가볍고, 단단해서 잘 부러지지 않지. 그리고 탄성력이 좋아 타구가 빠르고 멀리 날아간단다. 그래서 아마추어 경기와 유소년 야구 대회에서는 알루미늄 방망이를 사용하는 거야. 그러나 프로 야구에서는 알루미늄 방망이를 사용하지 못해."

"왜 프로 야구에서는 알루미늄 방망이를 못 써?"

"공이 스위트 스폿에 맞지 않아도 너무 잘 날아가 타자에게 유리하고 투수에게 불리하기 때문이야. 투수를 보호하고 타자들의 실력을 가리기 위해서 알루미늄 사용을 **금지한 거지.** 우리나라의 고교 야구 대회와 18세 이상의 선수들이 출전하는 국제 대회에서도 알루미늄 사용이 금지되었어."

"음, 그럼 나에게는 알루미늄 방망이가 딱 좋네!"

Q | 우리는 입체감을 어떻게 느낄 수 있을까?

A | 사람의 눈은 두 개이고 서로 떨어져 있어서 양쪽 눈은 각각 조금씩 다른 각도로 사물의 형태를 인식한다. 이렇게 양쪽 눈을 통해 본 각각의 영상이 하나로 합쳐져서 뇌에 정보를 보낸다. 따라서 입체감을 느끼려면 두 눈이 보는 각도가 달라야만 한다. 하지만 멀리 있는 물체는 양쪽 눈이 보는 각도가 거의 비슷해서 입체감을 느끼기 어렵다. 그래서 몸을 좌우로 약간씩 움직여 입체감을 느낄 수 있게 조절한다. 야구에서 뜬공을 받기 위해 공에 초점을 맞출 때에도 몸을 오른쪽과 왼쪽으로 약간씩 움직이면 입체감을 더 정확하게 파악하여 공이 떨어지는 지점을 찾을 수 있다.

Q | 몸의 회전력을 어떻게 만들까?

A | 운동 경기 중에는 원반던지기, 포환던지기처럼 물체를 던져서 멀리 나간 거리로 승부를 가리는 종목이 있다. 이 종목들의 특징은 몸의 회전력을 이용한다는 것이다. 회전력은 물체를 던질 때 회전에 의해 발생하는 원심력을 말한다. 야구에서 공을 멀리 던지기 위해서도 회전에 의한 원심력을 잘 이용해야 한다. 공을 던지는 순간에 공을 던지는 방향으로 하체를 이동하고 허리, 어깨를 회전시키면서 팔을 자연스럽게 움직여 공에 힘을 전달한다. 그러면 몸이 회전하면서 원심력이 발생하여 공을 멀리 던질 수 있다.

알루미늄과 나무는 어떤 특징이 있을까?

 알루미늄은 금속 중 하나로, 가볍고 쉽게 녹슬지 않아서 다양한 곳에 사용된다. 나무는 알루미늄보다 덜 단단해서 충격을 흡수할 수 있다. 알루미늄 방망이는 나무 방망이보다 가볍고 잘 부러지지 않는다. 또한 공을 쳤을 때 반발력이 좋아서 공이 잘 쳐지고 멀리 날아가서 유

소년 야구 경기에서는 알루미늄 방망이를 사용한다. 하지만 프로 야구에서는 알루미늄 방망이를 사용하지 않는다. 공이 방망이의 스위트 스폿에 딱 맞지 않아도 너무 잘 날아가기 때문이다.

 운동량은 속도와 어떤 관계가 있을까?

 운동량은 물체의 질량과 속도를 곱한 양이다. 야구공에 맞았다고 생각해 보자. 프로 야구 선수가 던진 빠른 야구공과 유소년 야구팀 선수가 던진 느린 야구공 중 어떤 공에 맞았을 때가 더 아플까? 당연히 빠른 속도로 날아오는 야구공에 맞았을 때가 느린 속도로 날아오는 야구공에 맞았을 때보다 더 아프다. 이것은 빠른 속도로 움직이는 물체가 느린 속도로 움직이는 물체보다 운동량이 크다는 것을 뜻한다. 다른 조건이 같을 때 속도가 빠를수록 운동량은 커진다.

3장 친구들과 야구장에 가다

야구 경기장에서 도형을 찾아라!

"엄마, 다녀오겠습니다."

"그래. 차 조심, 공 조심 해라."

공철이는 오늘 친구들과 함께 프로 야구 경기장에 가서 야구 경기를 구경하기로 했다. 엄마는 혹시 공철이가 앉은 관중석으로 야구공이 날아와 공철이가 다치지나 않을까 걱정했다. 공철이는 엄마가 싸 준 도시락을 가방에 넣고, 한 손에는 야구 글러브를 끼고 발걸음도 가볍게 지하철역으로 향했다.

"공철아! 여기야."

지하철역 입구에서 영식이, 건호가 공철이를 반갑게 맞아 주었다.

영식이와 건호는 공철이와 함께 야구 경기장에 가기로 한 친구들이다.

"와, 야구 글러브 멋진데!"

"공철아, 누가 보면 야구 선수인 줄 알겠다."

"히히, 다들 모였구나! 신난다!"

"나는 오늘 혹시나 비가 올까 봐 어제 잠도 설쳤어."

"삼총사가 다 모였으니 야구장으로 출발!"

공철이는 친구들과 설레는 마음으로 지하철을 타고 야구장으로 향했다.

야구장에 도착해 줄을 서서 입장권을 사고, 다시 줄을 서서 야구장 안으로 입장하는 동안 공철이와 친구들은 전혀 지루한 줄을 몰랐다.

야구장 정말 멋있다!

와!

잠시 뒤에 펼쳐질 멋진 야구장의 모습과 신나는 야구 경기를 직접 볼 수 있다는 기대에 한껏 부풀어 있었기 때문이다.

"와! 멋지다. 야구장 안이 이렇게 멋있을 줄 몰랐어."

"저 푸른 잔디 좀 봐! 꼭 그림 같아!"

"직접 보니까 네모 반듯한 곳에 양쪽으로 골대가 있는 축구장이나 네모난 경기장 중간에 네트가 있는 배구장과는 정말 다르다."

공철이와 친구들은 1루 쪽 내야 응원석에 자리를 잡고 앉아 경기장을 빙 둘러보며 연달아 감탄사를 터뜨렸다. 야구장 모습이 텔레비전에서 보았던 것보다 훨씬 멋있었다. 아이들 앞에 앉아 있던 한 아저씨가 아이들의 이야기를 듣더니 휙 뒤돌아서 말을 걸었다.

"너희들, 야구장에 처음 와 본 모양이구나?"

"네!"

공철이와 친구들이 합창하듯 대답하자 아저씨가 아이들에게 엉뚱한 질문을 했다.

"너희들 **도형** 알지? 이 경기장에 여러 가지 도형이 있는데 어떤 도형이 있는지 한번 알아맞혀 봐."

"삼각형, 사각형 같은 도형 말이에요?"

"그래."

공철이와 아이들은 야구장 **이곳저곳**을 둘러보더니 이렇게 대답했다.

"타자가 들어서는 곳이 네모난 칸이니 사각형!"

"1루, 2루, 3루 베이스 모양도 사각형, 내야의 모양도 사각형이에요."

"야구장 전체를 보면 부채꼴 모양 같아요."

"그래, 정확한 부채꼴은 아니지만 부채꼴 모양을 띠고 있지. 이런 것도 아는 걸 보니 꼬맹이들이 수학 공부를 열심히 하나 보구나."

그러면서 아저씨는 도형에 대해 설명하기 시작했다.

"도형은 점, 선, 면, 체 또는 이들의 집합으로 이루어진 거야. **수학**에서 매우 중요한 단원이지. 땅의 면적이나 물체의 부피 등을 계산할 때 꼭 필요하거든."

"근데 아저씨는 왜 야구장에서 도형을 찾으세요?"

공철이 질문에 아저씨는 빙긋 웃으며 말했다.

"난 수학 선생님이란다. 우리 반 아이들에게 도형을 가르쳐 줄 때 종종 야구장을 예로 들지. 야구장에 수학이 숨어 있는 게 재미있지 않니?"

"아아, 좀 신기하긴 해요."

"야구장에는 사각형 말고도 원과 오각형도 있어. 한번 찾아볼래?"

"저기 투수가 공을 던지는 마운드가 원 모양으로 되어 있어요."

"홈을 중심으로 타자와 포수, 심판이 있는 곳에도 원이 있어요."

"맞았어. 마운드는 원 지름 5.48m, 높이 25.4cm이고, 포수와 심판이 있는 곳에 있는 원은 지름이 약 7.93m이지. 이처럼 선수들이 많이 움직이는 곳은 잔디 없이 흙으로 되어 있단다. 그리고 홈 플레이트는 오각형이야."

"아하! 그렇군요."

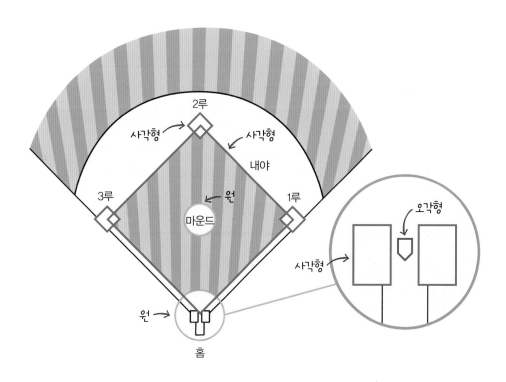

야구장 내야에 숨은 수학

이제 곧 야구 경기가 **시작**될 모양이다. 홈 플레이트 뒤에서 투수가 던진 공이 스트라이크인지 볼인지를 심판하는 주심이 홈 플레이트를 솔 같은 것으로 쓸어 내고 있었다. 그 장면을 보며 공철이가 앞 좌석에 앉아 있는 수학 선생님에게 물었다.

"선생님, 1루와 2루, 3루 베이스는 사각형인데 왜 홈 베이스는 오각형 모양이에요?"

"**홈 플레이트** 말이구나. 홈의 베이스를 홈 플레이트라고 불러. 야구가 처음 시작됐을 때는 홈 플레이트가 둥근 모양이었대. 그러다가 1869년에 가로, 세로 각각 12인치(in)인 정사각형 모양이 되어 1900년까지 사용되었고, 1901년에 지금처럼 오각형으로 바뀐 거란다."

"인치가 뭐예요?"

'≒'는 '약'을 나타내는 수학적 기호야.

인치(in)는 센티미터(cm)와 같이 미국에서 사용하는 길이의 단위야.

1인치(in)≒2.54센티미터(cm)
12(in)≒12×2.54=30.48(cm)

"인치는 길이를 나타내는 **단위**란다. 기호는 in이라고 써. 1in가 약 2.54cm니까, 12in는 약 30.48cm란다."

"그런데 홈 플레이트가 왜 오각형으로 바뀌었어요?"

"주심과 투수가 스트라이크 존을 잘 볼 수 있도록 하기 위해서야. 오각형의 **뾰족한** 부분은 주심과 투수의 시선을 모으는 역할을 하거든. 또 오각형의 빗변을 따라 선을 그으면 1루와 3루의 베이스 라인을 정확하게 그릴 수도 있고. 그래서 홈 플레이트만 정확하게 만들면 야구장을 정확하게 그릴 수가 있는 거지."

"우아, 홈 플레이트에 그런 **비밀**이 있었네. 그런데 홈에서 1루까지는 거리가 얼마나 돼요?"

"90피트(ft)야. 1루에서 2루까지도 90피트(ft), 2루에서 3루까지도 90피트(ft), 3루에서 다시 홈까지도 90피트(ft)이지."

"피트는 또 뭐예요?"

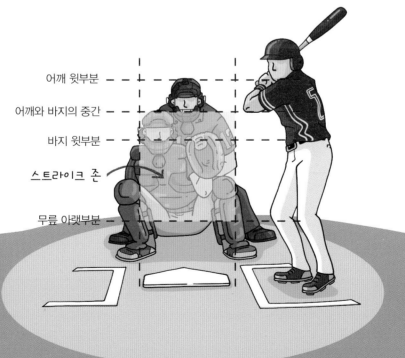

어깨 윗부분

어깨와 바지의 중간

바지 윗부분

스트라이크 존

무릎 아랫부분

1피트(ft)는 12인치(in)를 나타내는 길이의 단위야.

헤헤, 1m가 100cm라는 것만 알면 쉬워요.

1피트(ft)=12인치(in)≒30.48(cm)

90피트(ft)≒90×30.48
　　　　　=2743.2(cm)
　　　　　=27.432(m)

"피트도 길이의 단위 중 하나야. 기호는 ft라고 쓰지. 1ft는 약 30.48cm니까 90ft는 약 2743.2cm란다. 그러면 90ft는 몇 m일까?"

"그야 1m는 100cm니까 2743.2cm는 27.432m지요."

"와, 너 정말 수학 잘하는구나."

수학 선생님은 공철이를 보며 엄지손가락을 치켜세웠다.

"킥킥, 뭘요. 이 정도쯤이야……."

공철이는 수학 선생님의 칭찬에 우쭐하며 말했다.

"선생님! 홈 플레이트에서 1루, 1루에서 2루, 2루에서 3루, 3루에서 다시 홈 플레이트까지 각각의 길이가 모두 27.432m로 같다면 야구장의 내야는 정사각형이네요?"

"그렇지! 그런데 마운드를 중심으로 홈 플레이트, 1루, 2루, 3루가 다이아몬드 모양처럼 보이기도 해서 '다이아몬드'라고도 불러. 그런데 너희들 정말 수학 실력이 대단하구나."

"뭘요, 헤헤."

공철이와 친구들은 칭찬을 듣고 활짝 웃었다.

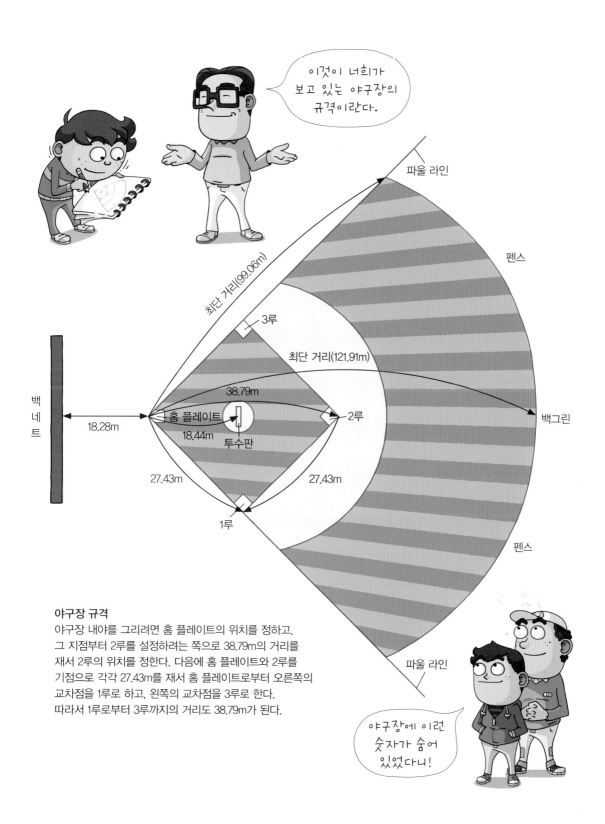

야구장 규격
야구장 내야를 그리려면 홈 플레이트의 위치를 정하고,
그 지점부터 2루를 설정하려는 쪽으로 38.79m의 거리를
재서 2루의 위치를 정한다. 다음에 홈 플레이트와 2루를
기점으로 각각 27.43m를 재서 홈 플레이트로부터 오른쪽의
교차점을 1루로 하고, 왼쪽의 교차점을 3루로 한다.
따라서 1루로부터 3루까지의 거리도 38.79m가 된다.

이번에는 공철이 친구 영식이가 수학 선생님에게 물었다.

"선생님, 그러면 투수 마운드에서부터 홈 플레이트까지의 **거리**는 어느 정도나 돼요?"

"약 18.44m야."

이번에는 반대로 선생님이 아이들에게 질문했다.

"그런데 마운드에서 투수가 공을 시속 150km로 포수가 앉아 있는 홈 플레이트를 향해 던진다면 도착까지 **걸리는 시간**은 얼마일까?"

"음, 글쎄요. 잘 모르겠어요."

아이들이 이렇게 저렇게 계산해 보려고 끙끙대다가 대답을 하지 못하자 선생님이 말했다.

"시속 150km는 1시간에 150km의 거리를 가는 속도이지? 이 속도를 초속으로 바꾸면 1초에 약 41.7m를 날아간다는 말이야."

"초속으로 어떻게 바꿔요?"

"속력은 $\dfrac{거리}{시간}$로 나타낼 수 있어. 시속 150km는 $\dfrac{150km}{1시간}$이니까 km를 m로 바꾸고, 시간을 초로 바꾸면 돼."

수학 선생님은 종이에 수식을 써서 알려 줬다.

시속 150km는 1초에 약 41.7m를 날아간다는 거야.

$$\frac{150(km)}{1(시간)} = \frac{150(km) \times 1,000(m)}{1(시간) \times 60(분) \times 60(초)} ≒ 41.7(m)$$

"아, 1km는 1,000m이고 1시간은 60분, 1분은 60초니까 그렇군요."

"그래. 그런데 투수 마운드에서 홈 플레이트까지의 거리가 약 18.44m니까 18.44를 41.7로 나누면 시속 150km의 공이 홈 플레이트까지 도착하는 데 걸리는 시간을 알 수 있지."

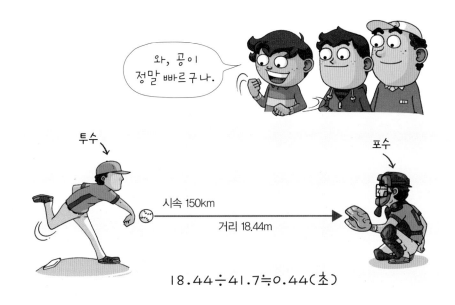

18.44÷41.7≒0.44(초)

"그게 얼마예요?"

"약 0.44초란다."

"0.44초요?"

"그래. 1초에도 훨씬 못 미치는 정말 **눈 깜박할 사이**라고 할 수 있어."

"우아, 정말 빠르네!"

공철이와 친구들은 시속 150km가 얼마나 빠른 속도인지 놀라서 입을 다물지 못했다.

야구 경기장은 수학의 세계

전광판에 불이 들어왔다. 공철이는 전광판을 보다가 맨 위에 횟수를 나타내는 숫자가 1부터 12까지 있는 것을 보았다.

"야구는 원래 **9회까지 하는 경기** 아닌가? 왜 전광판에 12회까지 표시되어 있지?"

"공철아, 그건 9회까지 동점이면 **연장전**을 치러야 하니까 연장전까지 생각해서 그렇게 만든 거야."

영식이가 공철이에게 알려 주었다.

"그러면 9회까지 경기를 하고, 선수들도 9명이잖아. 그런데 1부터 9까지 선수 이름들이 있는 곳 맨 밑에 P라고 되어 있는데, 그건 뭐야?"

"그건 피처(pitcher), 즉 투수를 가리키는 거야."

이번에는 건호가 공철이에게 설명해 주었다.

"경기 횟수도 9회! 선수도 공격과 수비가 각각 9명! 야구를 만든 사람이 9라는 숫자를 좋아했나 봐."

"스트라이크 3개가 되면 아웃이고, 팀마다 수비할 때 3개의 아웃을 시켜야 수비가 공격으로 바뀌니까 **3이란 숫자**를 좋아했을 수도 있잖아. 3의 배수가 9니까 말이야."

공철이와 영식이, 건호는 서로 얼굴을 보며 무엇이 그렇게 재미있는지 낄낄거리며 웃었다.

"공철아, 그런데 타격 순서를 나타내는 숫자와 선수의 이름 사이에 또 숫자가 있지? **그 숫자는 뭘까?**"

"선수 유니폼 숫자인가?"

"아닐걸. 숫자 대신 D라는 것도 있잖아."

아이들이 나누는 이야기를 들었는지 앞 좌석에 앉아 있는 수학 선생님이 아이들 이야기에 *끼어들었다.*

"그건 수비 위치를 나타내는 숫자야. 투수는 1, 포수는 2, 1루수는 3, 2루수는 4, 3루수는 5, 유격수는 6, 좌익수는 7, 중견수는 8, 우익수는 9, 그리고 알파벳 D는 투수 대신 수비는 하지 않고 공격만 하는 지명 타자를 말하는 거란다."

"오! 그렇군요."

"너희들 야구 중계방송에서 643 또는 543 병살타라는 말 들어 봤지?"

"네. 병살타는 타자와 주자를 모두 **아웃**시키는 거 아니에요?"

"맞았어. 더블 플레이(double play)라고도 하는데, 병살은 타자가 친 공을 수비수가 잡아 2명의 공격수를 한꺼번에 아웃시키는 거고, 병살의 원인이 되는 타자의 타격을 병살타라고 해. 643 병살타는 1루에 주자가 있고, 다음 타자가 공을 쳤을 때 유격수가 공을 받아서 두 명의 주자를 아웃시키는 경우지."

"아하, 알겠어요. 6은 유격수, 4는 2루수, 3은 1루수이니 유격수에서 2루수를 거쳐 1루수로 이어지면서 두 명의 주자를 아웃시키는 거네요."

이번에는 건호가 **손을 번쩍** 들고 잽싸게 대답했다.

"그래, 맞았어. 역시 대한민국의 어린이들은 **똑똑**하다니까!"

"야구장에 오니 온통 도형과 숫자네요!"

"스포츠 경기장이 아니라 마치 수학의 세계에 온 것 같아요."

야구는 통계와 확률의 경기

드디어 경기가 시작되었다. 공철이와 친구들은 물론이고 다른 관중들도 모두 **환호성**을 질렀다.

"1번 타자가 등장하는군요. 이 선수의 타율은 2할 9푼 9리입니다. 오늘 안타를 치면 3할에 오르겠는데요."

옆 좌석의 형이 스마트폰으로 텔레비전 야구 중계를 보면서 동시에 야구 경기를 구경하고 있었다. 공철이와 친구들에게까지 중계방송 진행자의 목소리가 들렸다.

"타율이 3할이면 꽤 잘 치는 건가 봐."

"그런 것 같은데?"

그때 스마트폰을 들고 있던 옆 좌석 형이 말했다.

"타율은 타자의 타격 성적을 백분율로 나타낸 거야. 0.267, 0.299, 0.301 등 소수점이 찍힌 소수로 나타내지. 숫자가 **크면** 그만큼 안타를 칠 수 있는 확률이 **높다는** 것을 의미해."

"어떻게 정하는 건데요?"

"만약에 타자가 두 번 타석에 나와 모두 다 안타를 쳤다면 타율은 '1'이 되고, 두 번 다 아웃이 되었다면 타율은 '0'이 돼. 두 번 나와 한 번 안타를 쳤다면 1의 절반인 0.5가 되는 거야."

타율=안타 수÷타석수

아이들이 고개를 **갸우뚱**하며 별다른 대꾸가 없자 옆 좌석의 형은 공철이를 가리키며 질문했다.

"만약에 네가 타자로 4번 타석에 나서서 1번 안타를 쳤다면? 타율이 어떻게 될까?"

"1÷4=0.25니까, 타율은 0.25예요."

"그래. 이때 소수 첫째 자리를 '할', 둘째 자리를 '푼', 셋째 자리를 '리'라고 해. 그러니까 0.25는 '2할 5푼 0리'가 되는 거야."

"**오! 그렇군요.** 이제 타율이 뭔지 좀 알 것 같아요. 그런데 타자의 타율이 3할이라면 어느 정도의 성적인가요?"

"확률적으로 10번 타석에 나와 3번 안타를 친 거야. 꽤 좋은 성적이지."

"확률? 그게 뭔데요?"

"확률은 어떤 일이 일어날 수 있는 가능성을 수로 나타낸 거야. 예를 들어 동전을 던졌을 때 앞면이 나올지 뒷면이 나올지 알 수는 없지만, 앞면 아니면 뒷면이 나오기 때문에 가능성은 반반. 이를 수로 나타내면 50퍼센트(%)라고 할 수 있지."

"그러면 타율이 수학적으로는 확률에 해당하는 건가요?"

"아니. 타율은 통계에 속해."

"통개? 통통한 개를 말하는 건 아니겠죠?"

"통개가 아니라 **통계!**"

"그건 또 뭔데요?"

"통계는 어떤 수학적 결과들을 한눈에 분석할 수 있도록 모으고 간추려

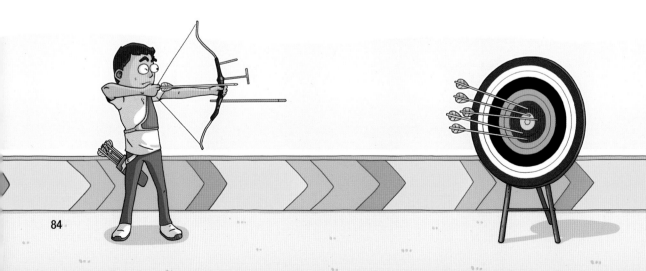

회	1	2	3	4	5	총점
점수	9	8	7	8	8	40

평균=총점÷횟수
총점: 40점
횟수: 5회
평균=40÷5=8(점)

계산하는 거야."

"어렵네요."

"예를 들어 양궁 선수가 다섯 번 화살을 쏴 9점, 8점, 7점, 8점, 8점의 점수를 받았다면 평균 점수는 8점이 되지. 이렇게 어떤 수학적인 결과를 계산해 보기 쉽게 정리하는 것이 바로 통계야."

"아, 그렇구나"

공철이가 조금은 이해한 듯 고개를 끄덕였다.

"이 통계를 바탕으로 해서 타율이 3할인 선수가 안타를 치고 못 치고를 예측하는 것을 확률이라고 하는 거야."

"그러면 타율이 3할이라는 건 10번 중에 7번은 안타를 못 치고 아웃이 될 확률이 있다는 거예요?"

"그렇지."

"그럼 잘 치는 것도 아니네요."

"아니, **꽤 잘 치는 거야.**

타율은 타자의 능력을 판단할 수 있는 중요한 통계 수치야.

투수의 빠른 속구나 진행 방향이 바뀌는 변화구를 쳐서 안타를 만드는 것은 정말 어렵거든. 그래서 4할 타율을 '꿈의 타율'이라고도 해."

그때 중계방송 진행자가 투수의 방어율에 대한 이야기를 꺼냈다. 공철이는 그 이야기를 듣고 얼른 옆 좌석 형에게 물었다.

"형, 그럼 방어율은 뭐예요?"

"방어율은 투수가 한 게임, 즉 9회를 기준으로 해서 상대편에게 내주는 점수를 평균율로 나타낸 거야."

"아, 방어율은 타율과 반대로 그 숫자가 **낮을수록** 투수가 좋은 성적을 올린 것이네요?"

"그렇지. 9이닝, 즉 9회 동안 투수가 1점 실점했다면 방어율은 1이 돼."

방어율=실점÷등판 횟수×9

"아, 이제 방어율을 어떻게 구하는지 알겠어요."

"그럼 예를 들어 어떤 투수가 첫 번째 경기에서는 무척 잘 던져 9이닝 동안 1실점만 했는데, 다음 날 몸 상태가 별로 좋지 않아 5이닝 동안 5실점을 했다면 그 투수의 방어율은 어떻게 될까?"

"실점이 모두 6점이고, 등판 횟수가 모두 14회니까 6÷14×9인데……."

"3.857 정도예요."

옆에서 **잽싸게** 계산한 영식이가 말했다.

"와! 너희들 계산도 아주 잘하네!"

"히히, 이 정도는 대한민국 초등학생으로서 **기본 실력**이지요. 그런데 방어율이 0인 투수도 있어요?"

"방어율이 0점대인 투수는 있어. 한 경기에 거의 1점도 실점하지 않는다는 것이니 국보급 투수라고 할 수 있지. 그렇게 방어율이 0점대를 기록하는 것을 '꿈의 방어율'이라고 해."

백인천 선수, 한국 프로 야구 최고의 타율을 기록하다!

타율은 타자의 타격 실력을 알려 주는 기록으로 안타 수를 타수로 나눈 값이다. 일반적으로 133경기 기준 413타석을 넘겨야만 정식 기록으로 인정한다.

한국 프로 야구 최고의 타율을 기록한 선수는 백인천이다. 백인천은 1982년 MBC 청룡 시절 250타수 103안타로 타율 0.412를 기록했다. 이는 우리나라 야구 역사에 길이 남을 타율로 엄청난 기록이었다.

백인천은 1961년 대한 체육회가 선정한 최우수 선수였고, 1962년 대만에서 열린 제4회 아시아 야구 선수권 대회에서 홈런을 터뜨리고 최우수 선수가 되었다. 이후 일본에 진출하여 일본 프로 야구 선수로 활동하다 우리나라로 돌아왔다.

한국으로 돌아왔을 때 그는 마흔에 가까운 나이였지만 야구에 대한 열정으로 프로 팀의 감독과 선수를 겸하였다. 결국 그는 한국 프로 야구 최고의 타율을 기록하고 많은 야구팬들의 가슴에 남게 되었다.

백인천 선수는 40세 때에 타율이 4할 1푼 2리였대.

야구 경기도 보고 수학도 배우고

"타율과 방어율에 대해 알고 나니 야구에 대해 박사가 된 것 같아요."

공철이와 친구들이 **어깨를 으쓱**거리며 말했다. 아이들의 말을 듣고 옆 좌석의 형도 기분이 좋았는지 아이들에게 재미있는 이야기를 해 주겠다며 말을 꺼냈다.

"너희들 도둑질은 도둑질인데 **칭찬받는 도둑질**이 뭔지 아니?"

"음, 도루 아니에요?"

"오호, 맞았어. 도루는 투수나 수비수의 허점을 이용해 주자가 다음 베이스까지 가는 것을 말해. 그런데 수학적으로 도루의 성공 확률이 거의 0에 가깝다는 거 아니?"

"어, 이상하네. 야구 경기에서 도루하는 모습을 많이 보았는데……."

"맞다, 맞아. 형, 도루를 잘하는 선수에게 주는 상도 있잖아요."

아이들의 말에 옆 좌석의 형이 도루에 대해 자세히 **설명**해 주었다.

"투수가 투구 동작에서 공을 던질 때까지 약 0.8초, 여기에 투수가 던진 공이 포수 미트에 닿는 시간을 더하면 약 1.35초야. 공을 잡은 포수가 2루로 송구하는 데 약 2초가 걸린다고 할 때, 1루 주자에게는 총 3.3~3.4초의 시간이 주어져."

"3.3~3.4초? 와, 엄청 짧은 시간이네!"

"100m를 12초에 달리는 주자가 27.4m 떨어진 2루까지 뛰려면 몇 초가 걸릴까?"

"숫자가 좀 **복잡해요.**"

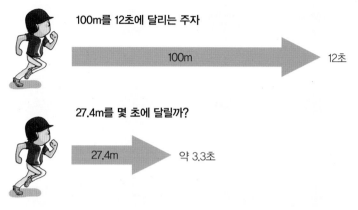

100m를 12초에 달리는 주자

100m 12초

27.4m를 몇 초에 달릴까?

27.4m 약 3.3초

$$100(m) : 12(초) = 27.4(m) : \square(초)$$

$$\square(초) = 12 \times 27.4 \div 100$$

$$\square = 3.288(초)$$

공철이와 친구들이 서로를 번갈아 보기만 하자 옆자리 형이 말했다.

"약 3.3초야. 그런데 달리기 전의 준비 동작을 생각하면 100m를 12초에 달리는 선수도 1루에서 2루까지 가는 데 4초는 걸리는 거지. 하지만 공이 투수에서 포수로, 포수에서 2루수까지 송구하는 시간이 3.3초니까 수학적으로 도루에 성공할 **확률은 0%**에 가까운 거야."

"그런데 주자들은 어떻게 도루에 성공하는 거예요?"

"실제 경기에서는 포수가 도루를 막는 확률, 즉 도루 저지율이 30~40% 정도 된다고 하니 도루의 성공률이 60~70% 정도 되는 것이지."

"어떻게 그럴 수 있어요?"

"우선 1루 주자는 2루 쪽으로 3~4m 앞으로 나가 있고, 투수의 동작을 **훔치면서** 스타트 시간을 더 버는 거야."

"투수의 동작을 훔친다고요?"

"투수가 투구를 하려고 준비할 때 **잼싸게** 뛰는 거지. 이를 위해 각 팀의 코치들은 투수의 버릇을 파악해 주자들에게 정보를 줘. 그 버릇을 잘 파악해서 투수의 동작을 훔쳐 도루를 하는 거야. 마지막에는 베이스를 향해 몸을 **날려** 슬라이딩까지 깔끔하게 하면 확률은 더 높아지는 거고. 그래서 스타트(Start), 스피드(Speed), 슬라이딩(Sliding)을 도루의 3S라고 부르기도 해."

"와! 야구 속에 이렇게 여러 가지 수학이 숨어 있다니 **놀라워요.**"

"그렇지. 신나게 야구 경기도 보고, 그 속에 숨어 있는 수학도 배우고."

"한마디로 일석이조(一石二鳥). 돌멩이 한 개를 던져 새 두 마리를 잡은 셈이네요."

공철이와 친구들은 앞 자리에 앉은 수학 선생님과 옆자리 형의 도움으로 야구장에서 재미있는 사실들을 알게 되었다.

야구 경기는 공철이와 친구들이 응원한 팀이 **승리**했다.

"우리 다음에도 야구장에 또 놀러 오자."

"좋아. 다음엔 부모님과 함께 와서 오늘 알게 된 사실들을 자랑해야지!"

공철이와 친구들은 한바탕 웃으며 집으로 돌아갔다.

안녕히 가세요!
오늘 정말
재미있었어요.

도루의 3S

 Q | 야구장에는 어떤 도형이 있을까?

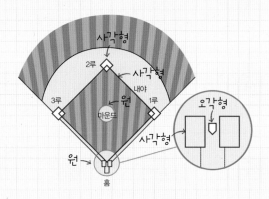

A | 야구장 전체 모습은 정확한 부채꼴은 아니지만 부채꼴 모양을 띠고 있다. 1루, 2루, 3루 베이스는 각각 사각형이고, 내야의 모양도 사각형이다. 사각형은 네 개의 선분으로 둘러싸인 평면도형이다. 투수가 공을 던지는 마운드는 원이다. 원은 평면 위의 한 점에서 같은 거리에 있는 점들의 집합이다. 홈을 중심으로 타자와 포수, 심판이 있는 곳에도 원이 있다. 홈 플레이트는 오각형 모양이다. 오각형은 다섯 개의 선분으로 둘러싸인 평면도형이다.

 Q | 100ft는 몇 m일까?

 A | 피트(ft), 미터(m), 센티미터(cm)는 모두 길이를 나타내는 단위이다.

1피트(ft)는 약 30.48cm이다. 따라서 1ft=30.48cm로 계산하면, 100ft=3,048cm이다.

100ft, 즉 3,048cm를 다시 미터(m)로 바꾸려면 1cm는 0.01m이므로 3,048cm에 0.01을 곱해야 한다. 그러면 3,048cm=30.48m이다.

따라서 100ft는 30.48m이다.

Q | 시속 100km로 던진 공이 홈 플레이트까지 가려면 몇 초가 걸릴까?

A | 속력과 시간의 관계를 나타낸 식은 다음과 같다.

속력＝거리÷시간

시속 100km로 던진 공이 홈 플레이트에 도착하는 데 걸리는 시간을 구하려면 거리를 알아야 한다. 투수 마운드에서 홈 플레이트까지의 거리는 약 18.44m이다. 시속을 나타낼 때 거리의 단위는 km를 사용한다. 초속일 때 거리의 단위는 m를 사용한다. 따라서 시속 100km를 초속으로 바꾸면 $\frac{100(km)}{1(시간)} = \frac{100 \times 1,000(m)}{1 \times 60 \times 60(초)} = 27.77\cdots$이므로 초속 약 27.78m이다. 속력과 시간의 관계식으로 시간을 구하면, 시간＝거리÷속력＝18.44÷27.78＝0.663…이다. 즉 시속 100km로 던진 공이 홈 플레이트까지 가는 데 걸리는 시간은 약 0.66초이다.

투수

포수

시속 100km

거리 18.44m

Q | 다섯 번 타석에 나서서 두 번 안타를 쳤다면 타율이 어떻게 될까?

A | 타율은 다음과 같이 구할 수 있다.

타율＝안타 수÷타석수

다섯 번 타석에 서서 두 번 안타를 쳤다면, 타석수는 5, 안타 수는 2이다.

즉 타율＝2÷5＝0.4니까 타율이 0.4이다.

4장

일일 야구 교실에 가다

야구의 역사를 연 뉴욕의 소방관들

"이렇게 일일 야구 교실에 참가해 주신 어린이 여러분을 환영합니다."

"와, 와!"

어느 프로 야구 구단에서 일일 야구 교실을 열었다. 야구 교실에 참가한 아이들이 힘차게 **박수를** 치고 **환호성**을 올린 이유는 자기들이 좋아하는 프로 야구 선수들이 야구 교실의 선생님으로 등장했기 때문이었다. 공철이도 일일 야구 교실에 참가했다.

"모두 여기 있는 시간표를 봐 주세요."

칠판에는 〈일일 야구 교실〉의 시간표가 있었다. 시간표는 간단했다. 오전에는 연습 대신 야구에 관한 이야기를 들려주고, 오후에는 야구 연습이었다. 일일 교실 선생님들은 강당에 모인 아이들에게 야구 선수와 야구와 관련이 있는 인물들에 대한 이야기부터 들려주었다.

"너희들 야구의 본고장이 어딘 줄 아니?"

"그야, 미국이지요."

"그럼 야구는 언제 시작되었고, 야구 경기를 처음 만든 사람은 누굴까?"

대답하는 아이가 없자 선생님이 **자세히** 설명하기 시작했다.

"야구의 기원에는 두 가지 설이 있어. 하나는 13세기에 영국에서 시작한 크리켓이라는 경기가 라운더스라는 경기로 발전하고, 라운더스가 발전하여 야구가 되었다는 이야기가 있어. 그리고 또 하나는 1839년에 미국의 뉴욕주 쿠퍼스 타운이라는 곳에서 애브너 더블데이라는 사람이 만들었다는 이야기가 있어."

"어떤 게 맞아요?"

"영국의 라운더스는 1744년부터 성행했는데 베이스가 있는 내야 모습과 안타, 파울 등 근대 야구와 비슷하단다. 그런데 베이스에서 벗어난 주자를 공으로 맞혀 아웃시켰대. 그때 야구공은 지금처럼 딱딱하지 않고 호빵처럼 **말랑말랑**했나 봐."

"정말요? 하하!"

호빵 같았다는 야구공 이야기를 듣고 아이들이 까르르 웃었다.

"더블데이라는 미국인이 처음 만들었다는 것은 크게 믿음이 가지 않는 주장으로 받아들여지고 있어. 그 대신에 미국 의회에서는 1953년에 알렉산더 카트라이트란 인물을 현대 야구의 **창시자**로 공식적으로 발표했단다."

"카트라이트! 컴퓨터 게임 이름이랑 비슷해요."

"카트라이트는 1845년에 현대 야구 규칙과 같은 규칙을 만들어 경기에 사용한 인물이야. 뉴욕 맨해튼에서 책을 사고파는 서적상으로 일하며 소방 봉사자로 활동했지. 그는 공으로 사람을 맞혀서 아웃시키는 것이 아니라 공을 쥔 손을 주자에 갖다 대는 태그 플레이를 비롯해 20가지의 야구 규칙을 만들었어. 이때부터 야구에서 딱딱한 공을 사용하기 시작했대."

삼진 아웃을 만들어야겠군.

흠…

알렉산더 카트라이트

"그러면 첫 야구 경기는 언제 어디서 열렸는데요?"

"카트라이트가 설립을 이끈 뉴욕 니커보커스라는 팀과 뉴욕 나인이라는 팀의 경기가 현대 야구의 출발 경기였단다. 두 팀 모두 선수들은 주로 소방 관들이었지."

"소방관? 그러면 야구의 공식적인 경기는 소방관들의 친선 경기에서 시작되었군요."

"그렇다고 볼 수 있어. 이때가 1846년이고, 이 경기에서 카트라이트는 심판을 봤다고 해. 그 뒤로 뉴욕에 여러 야구팀이 생겨나면서 본격적인 야구 경기가 펼쳐졌단다."

"그래서 뉴욕 사람들이 그렇게 야구에 열광적인 거군요."

"그렇지. 현대 야구가 시작된 곳이 뉴욕이니까!"

아이들은 흥미진진한 야구 이야기에 시간가는 줄 몰랐다.

1846년 뉴욕 니커보커스와 뉴욕 나인의 첫 공식적인 야구 경기가 열렸다.
뉴욕 니커보커스는 21:1로 패했다. 카트라이트는 느슨한 경기에 긴장감을 주기 위해
'삼진 아웃'을 도입하고, 필드를 다이아몬드 모양으로 그렸다.

YMCA 야구단

"우리나라는 언제부터 야구를 시작했어요?"

"좋은 질문이야. 혹시 여기 모인 사람들 중에 우리나라에서 야구가 언제쯤 시작되었는지 아는 사람?"

"그리 오래되지는 않았을 것 같아요."

"1945년 해방이 되고 미군이 우리나라에 오면서?"

아이들이 이런저런 대답을 하자 일일 교실 선생님이 아이들의 대답 하나하나를 들은 뒤에 다음과 같이 말했다.

"1901년에 27세의 젊은 나이로 한국 땅을 밟은 미국인이 있었어. 필립 질레트라고 미국에서 한국 YMCA 총무로 파견된 사람이었지."

필립 질레트

야구하고, YMCA도 오세요!

YMCA 야구단
우리나라 최초의 야구단
사진이다. 1911년 평양
원정 때 찍은 것으로
아래 줄 제일 오른쪽에
질레트가 서 있다.

"YMCA?"

"기독교 청년회라는 모임이야. 필립 질레트는 한국에 도착해 황성 기독교 청년회를 조직하는 데 앞장섰고, 한국의 젊은이들에게 기독교 전파는 물론 기술 교육과 국민 보건, 체육 교육 등을 통해 **사회 운동**을 펼쳐 나갔지."

"그래서요?"

"그러던 어느 날, 인사동의 공터에서 서양인들이 야구공을 던지면서 노는 것을 한국인들이 신기하게 바라보는 모습을 보며 이런 생각을 하게 되었어."

"야구를 한국인들에게 가르쳐 주자는 생각을요?"

"맞았어. 그는 한국인들에게 야구를 가르쳐 주면 야구를 배우려는 한국 젊은이들이 YMCA로 찾아와 YMCA 회원의 수가 크게 늘어날 것이라고 생각했지. 그래서 1905년 미국에 야구공과 야구 방망이, 글러브를 주문했고 **한국 젊은이들**을 모아 야구를 가르치기 시작했어."

"그러면 1905년부터 우리나라에서 야구를 시작한 거네요?"

"그래. 그렇게 한국에 첫 야구팀인 **황성 YMCA** 야구단이 만들어졌고, 1906년 2월에는 황성 YMCA 야구단과 독일어 학교 사이에 첫 야구 경기가 벌어졌단다."

"지금 야구단과 비슷한 모습이었나요?"

"아니. 규칙도 엉성하고, 포수는 선 채로 **엉거주춤** 투수의 공을 받았지. 타자들은 방망이 하나로 돌아가면서 공을 쳤고, 글러브가 없는 선수도 있었어. 그런 선수는 맨손으로 공을 잡아야 했지만 야구에 대한 선수들의 열의와 관중들의 호기심은 대단했대."

"**와와!**"

맨손으로 공을 잡는 선수도 있었다는 말에 여기저기서 웃음소리가 터져나왔다.

"질레트는 우리나라가 일제에게 국권을 빼앗기자 우리나라의 독립을 위해 힘썼어. 그런데 조선 총독부에 발각되어 우리나라에서 강제로 추방되었지. 하지만 중국 상하이에 머물면서 독립운동을 도와준 고마운 분이란다."

"와!"

한국 야구의 역사

한국 야구는 1901년 YMCA 개척 간사로 한국에 온 미국인 선교사 필립 질레트가 1905년 황성 기독교 청년회(YMCA) 회원들에게 야구를 가르치면서 시작되었다. 그 후에 점점 야구의 인기가 높아지면서 1920년에 조선 체육회가 창립되었고, 1923년에는 조선 야구 협회가 창립되었다. 그러나 1938년 일제에 의해 조선 체육회가 강제 해산되면서 야구 경기가 중단되는 시련을 겪고, 1945년 광복 이듬해에 조선 야구 협회가 다시 결성되었다.

1954년에는 필리핀 마닐라에서 아시아 야구 연맹을 결성하고, 아시아 야구 선수권 대회를 개최하였다. 한국은 1963년 제5회 아시아 야구 선수권 대회에서 일본에 처음으로 승리를 거두면서 첫 우승의 기쁨을 누렸다.

한국 야구는 계속 발전하여 1982년에 프로 야구가 출범하였다. 그 뒤 2002년에는 부산 아시아 경기 대회에서 우승하고, 2008년 베이징 올림픽에서 아시아 국가로는 처음으로 야구 종목에서 올림픽 금메달을 목에 걸었다.

100년이 넘는 역사를 가진 한국 야구는 이제 세계적인 수준으로 발전하였다.

2008년 베이징 올림픽에서 야구 종목 금메달을 획득했다.

케네디 스코어? 루스벨트 스코어!

"축구 경기에서 몇 대 몇으로 경기가 끝나면 가장 재미있을까?"

아이들은 야구 교실에서 선생님이 왜 **엉뚱하게** 축구 이야기를 하는지 궁금했지만 선생님의 물음에 대답했다.

"3:2요. 그것도 내가 응원하는 팀이 3점으로 이겨야 더 재미있어요!"

"그렇지. 축구 경기는 전반 45분, 후반 45분. 합쳐서 90분이지? 모두 5골이 터진다면 90÷5=18이니까, 평균적으로 18분마다 골이 난다고 볼 수 있지. 골이 너무 적게 나거나 반대로 너무 많이 나도 재미가 덜해. 브라질의 축구 황제 펠레는 약 10~20분마다 골이 터지는 경기가 가장 재미있다고 했대. 그래서 축구 경기에서 3:2의 득점을 '펠레 스코어'라고 불러."

"그러면 야구 경기는요?"

"야구 경기에는 '케네디 스코어'라는 게 있어."

"캐나다 사람들이 만든 건가?"

"아니. 미국의 제35대 대통령인 존 F. 케네디가 야구 경기는 8:7이 가장 재미있다고 기자들에게 말한 데서 유래된 말이야."

"미국은 대통령도 야구를 좋아했나 봐요."

"야구는 미국인들이 **가장 좋아하는** 스포츠 중 하나야. 그런데 사실, 이 말은 케네디 대통령이 한 말이 아니래. 1937년 미국의 제32대 프랭클린 D. 루스벨트 대통령이 뉴욕 타임스 야구 담당 기자에게 편지를 보냈는데, 그 편지에서 자신이 생각하는 가장 재미있는 야구 경기의 스코어는 8:7이라고 말했대. 그러니까 야구 경기에서 8:7이 가장 재미있는 점수라고 말한 사람은 케네디 대통령이 아니라 루스벨트 대통령이란 말씀! 즉 8:7은 케네디 스코어가 아니라 '루스벨트 스코어'라고 할 수 있지."

"축구의 펠레 스코어나 야구의 루스벨트 스코어 모두 1점차 경기네요."

"맞아. 한 팀에서 점수를 내면 다른 팀에서도 점수를 내며 따라붙거나 역전하고, 그러면 또 상대편 팀에서 점수를 내어 경기 결과가 엎치락뒤치락하는 거야. 그러면 끝까지 결과를 예측할 수 없는 1점차 **팽팽한** 승부가 재미있을 수밖에. 그래서 이렇게 한 팀이 점수를 내면 다른 팀이 곧바로 점수를 내며 따라붙는 경기를 '시소 게임(Seesaw Game)'이라고 부른단다."

"시소 게임?"

"그래. 시소는 잘 알지? 긴 널빤지의 한가운데를 괴어, 그 양쪽 끝에 사람이 타고 서로 **오르락내리락**하는 놀이 말이야. 마치 시소와 같이 승부가 오락가락하며 엇비슷한 실력으로 치열하게 벌이는 경기란 말이지."

베이브 루스와 행크 에런

"이제 **야구 선수**에 대한 이야기를 해 볼까?"

"네!"

"좋아요!"

아이들이 합창하듯 모두 다 큰 소리로 대답했다. 아이들의 적극적인 대답에 야구 교실 선생님은 한층 즐겁게 이야기를 이어 갔다.

"너희들 야구에서 **홈런왕** 하면 누가 떠오르니?"

"이승엽 선수요!"

"박병호 선수요!"

"홈런왕은 아니지만 추신수와 강정호 선수도 최고의 타자입니다!"

"그래, 모두 우리나라를 **대표**하는 선수들이지. 그러면 야구의 본고장인 미국에서는?"

그 당시 미국에서 가장 인기가 많았던 선수야.

베이브 루스

"미국은 잘 몰라요."

모두들 조용한 가운데 공철이가 용기 내어 말했다.

"그래. 너희는 아직 미국 선수들을 모를 거야. 프로 야구 선수로 미국의 메이저 리그를 대표하는 홈런 타자는 베이브 루스와 행크 에런을 꼽을 수 있어."

"베이브 루스?"

"그래. 베이브 루스는 1920~1930년대에 볼티모어 팀에서 프로 선수로 활동하기 시작해 보스턴 레드 삭스를 거쳐 뉴욕 양키스에서 **활약**했어. 이때 메이저 리그 정규 시즌에서 714개의 홈런을 쳐서 소속 팀인 뉴욕 양키스를 7차례나 월드 시리즈 정상에 올려놓았어. 당시 그가 기록한 714개의 홈런 기록은 누구도 깨지 못할 것이라고 생각했단다."

"그럼 행크 에런은요?"

"행크 에런은 1974년 4월 8일에 715호 홈런을 쳐서 당시 최다 홈런 기록이었던 베이브 루스의 714개의 홈런 기록을 깼고, 1976년까지 755개의 홈런을 쳤지."

"와!"

"대단하지! 두 선수 다 미국 메이저 리그를 대표하는 홈런왕들이야. 그런데 베이브 루스는 714개의 홈런을 기록하는 동안 1330회의 삼진을 기록하기도 했어. 행크 에런은 755개의 홈런을 기록하는 동안 1383회의 삼진 아웃을 기록했고."

"홈런도 많이 쳤지만 삼진도 많이 당했네요?"

"그래. 만약에 베이브 루스나 행크 에런이 삼진, 즉 스트라이크 아웃이 되는 것을 두려워했다면 결코 홈런왕이 될 수 없었을 거야. 즉 실패를 두려워한다면 성공할 수 없다는 교훈을 주지."

행크 에런

홈런이 755개?

우야!

세계로 진출한 우리 선수들

"얘들아, 이번에는 투수에 대한 이야기를 좀 해 볼까?"

"류현진!"

투수에 대한 이야기가 시작되자 아이들은 류현진 선수를 외쳤다.

"너희들은 현재 메이저 리그에서 활약하는 류현진 선수가 최고라고 생각할지 모르지만 류현진 선수보다 먼저 투수로 우리나라는 물론 세계에 이름을 떨친 위대한 투수들이 있었단다."

"혹시 박찬호 선수 아니에요?"

"박찬호 선수도 한국인으로 첫 메이저 리그 투수가 되어 강속구를 던지며 좋은 성적을 올렸지. 대한민국을 세계에 널리 알린 위대한 투수야. 박찬호 야구 교실을 열어 많은 어린이들에게 야구에 대한 꿈을 심어 준 훌륭한 선수이기도 하고."

"또 누가 있는데요?"

"대한민국의 전설이 된 최동원과 선동열이라는 선수가 있지."

"어떤 투수였는데요?"

"아마추어 때부터 프로 야구가 시작된 초기에 활약을 펼친 선수들이야. 이 두 선수의 대결을 세기의 대결이라고 부를 정도로 대한민국 최고의 투수들이었지. 두 선수의 맞대결을 영화로 만들 정도였으니까."

"와!"

"두 선수 모두 시속 150km가 넘는 강속구에 예리한 변화구로 타석에 들어선 타자들을 꼼짝 못 하게 했어. 각자의 소속 팀을 우승시키는 역할도 했고. 또 두 선수 모두 1982년 세계 야구 선수권 대회에 참가하여 우리나라가 미국과 일본을 물리치고 우승하는 데 결정적인 공을 세웠단다."

"와, 정말 대단한 선수네요."

"그렇단다. 박찬호, 류현진 등 많은 야구 선수들이 두 선수의 활약을 보며 야구 선수의 꿈을 키우기도 했지. 특히 야구 경기에서 투수가 얼마나 큰 역할을 하는지를 증명해 보인 선수들이야."

"그런데 메이저 리그에서 투수로 활약한 선수가 박찬호 선수와 류현진 선수밖에 없나요?"

"아니. 김병현 선수, 서재응 선수, 김선우 선수 등도 메이저 리그에 진출하여 좋은 성적을 거둔 투수들이지."

"미국 메이저 리그에서는 어떤 투수가 최고였어요?"

"음. 그건 차근차근 알려 줄게."

"빨리 알고 싶어요!"

메이저 리그 경기장
메이저 리그는 미국과 캐나다 도시를 연고지로 하는
프로 야구 구단들로 짜인 최고 수준의 리그이다.

사이 영과 짐 애벗

"미국 메이저 리그에서는 1957년부터 해마다 최우수 투수에게 주는 상이 있어. 바로 사이 영 상이야."

"사이 영 상?"

"그래. 메이저 리그, 즉 미국 프로 야구에서 22년 동안 활약한 투수 사이 영을 기념하여 매년 각 리그의 최우수 투수에게 주는 상이지."

"사이 영이 누구예요?"

"사이 영은 1890년부터 22년간 메이저 리그 815경기에 선발 출장하여 511승을 거둔 전설적인 투수 덴튼 트루 영(Denton True Young)을 말해. 사이 영(Cy Young)은 그의 별명인데 공이 태풍처럼 빨라서 사이클론 (cyclone)과 같다고 하여 사이 영이란 별명으로 불렸지."

메이저 리그의 전설적인 투수야.

덴튼 트루 영 선수와 사이 영 상 상패

"사이클론이오?"

"응. 태풍은 발생한 지역에 따라 여러 이름으로 불리는데 사이클론이 그중 하나야. 그의 기록은 나이에 상관없이 꾸준했고, 25년 간 메이저 리그 역대 최다 승 기록인 511승을 기록했어. 1901년에는 투수 부문 다승·방어율·승률 1위를 세웠어."

"와! 정말 대단한 투수네요!"

장애를 극복한 멋진 선수네.

"메이저 리그 투수 중에서 또 한 명의 위대한 투수를 소개해 줄게. 바로 짐 애벗이란 선수야."

"사이 영보다 성적이 좋았나요?"

"사이 영보다 성적이 뛰어나지는 않았어. 하지만 다른 이유로 많은 사람들에게 큰 **감동**을 준 투수야. 그의 별명은 조막손 투수야!"

짐 애벗

"조막손이 뭐예요?"

"조막손은 손가락이 없거나 오그라져서 펴지 못하는 손을 말해. 그는 태어날 때부터 오른손이 없었어. 그렇지만 어려서부터 **꾸준한 연습**과 피나는 노력으로 오른쪽 손목에 글러브를 걸친 채 투구를 한 뒤에 다시 재빨리 왼손에 글러브를 바꿔 끼고 공을 받았지. 그다음에 다시 오른쪽 손목에 글러브를 걸치고 왼손으로 투구를 했대."

"장애를 **극복한** 투수였네요?"

"그렇지. 아마추어 때는 1988년 서울 올림픽 야구 경기에서 미국이 금메달을 따는 데 결정적인 역할을 했고, 메이저 리그 선수가 된 뒤에는 1993년에 상대 팀에게 한 개의 안타도 허용하지 않고 이겼어."

"와, 정말 멋져요!"

"'희망이 완전히 사라질 때까지 결코 불가능은 없다는 말을 잊어서는 안 된다.'라고 짐 애벗이 말했지."

"정말 감동적인 말이에요."

전설의 포수, 요기 베라

"야구에서 생겨난 명언이 또 하나 있지. 과연 뭘까?"

"야구는 9회 말 투 아웃부터."

"오! 비슷해. 바로 '끝날 때까지는 끝난 게 아니다.'라는 말이야."

"끝날 때까지 끝난 게 아니다?"

"누가 한 말인데요?"

로런스 피터 베라

"1973년 여름, 요기 베라라는 사람이 감독을 맡고 있던 미국 메이저 리그의 뉴욕 메츠라는 팀은 **최하위**로 고전을 면치 못하고 있었어. 요기 베라가 곧 **해고**될 거라는 소문이 돌자 어느 기자가 그에게 물었대. '이제 다 끝난 겁니까, 요기?' 그러자 요기 베라가 '끝날 때까지는 끝난 게 아닙니다.'라고 대답했대. 뉴욕 메츠는 이후 승리를 이어 갔지."

"끝까지 **최선**을 다하라는 뜻이군요!"

"그래. 요기 베라의 본명은 로런스 피터 베라야. 1925년에 세인트루이스에서 태어나 가난한 어린 시절을 보냈어. 중학교 2학년 때 학교를 그만두고 신문팔이도 했고, 음료수 트럭도 몰았고, 신발 공장과 석탄을 쌓아 두는 곳에서도 일했지. 그러면서도 꾸준히 야구 연습을 해서 결국 메이저 리그 선수가 되었고, 뉴욕 양키스를 10차례에 걸쳐 월드 시리즈 우승으로 이

끌며 명예의 전당에 오른 전설의 포수가 되었어. 그동안에 요기 베라는 세 차례에 걸쳐 아메리칸 리그 MVP로 뽑히기도 했단다."

"요기 베라! 참 **독특한** 별명이에요."

"요기는 그의 모습과 행동이 마치 인도의 요가를 하는 사람처럼 보여서 붙여진 별명이야. 그는 다른 선수들에 비해 **땅딸막**했고, 관중과 상대 팀 선수들이 폭소를 터뜨릴 만큼 달리는 자세가 이상했지."

"환경도 불우하고, 체격도 왜소한데 훌륭한 선수가 되었군요."

"그래. 훌륭한 선수뿐만 아니라 야구 감독으로서도 능력을 발휘해서 위대한 지도자에 오른 인물이기도 해."

야구 교실에 온 아이들은 야구와 야구 선수들에 대한 이런저런 이야기를 들으며 야구가 정말 **멋진 운동 경기**라는 것을 느꼈다. 그런 아이들의 밝은 표정을 보며 일일 야구 교실 선생님도 흐뭇한 표정을 지었다.

야구 교실의 오전 수업이 끝나고 점심시간이 되었다. 야구 교실에 참가한 아이들은 맛있게 점심밥을 먹고 본격적인 야구 연습을 시작했다. 모두들 진지하면서도 신나는 표정이었다.

공철이, 야구부원이 되다

공철이는 야구공과 야구 방망이는 물론이고 야구 경기장과 야구 선수들에 대해 자세히 알게 되었다. 그래서 그런지 야구와 무척 친해진 것 같았다. 사촌 형에게서 멋진 야구 글러브와 모자도 선물로 받았고, 야구부원 모집을 위한 테스트에 참가할 **자신감**도 생겼다.

학교 운동장에는 야구 연습장이 생겼고, 감독님도 오셨다. 그리고 드디어 야구부원 모집을 알리는 글이 학교 게시판에 붙었다.

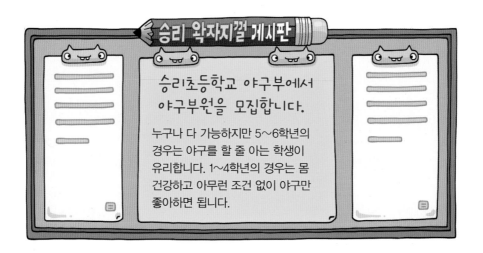

"드디어 올 것이 왔구나! 몸 건강하고 야구 좋아하고, 야구에 대한 지식도 갖췄고, 나름대로 연습도 했으니 나는 꼭 야구부원이 될 수 있을 거야. 얍, 얍, 공철이 파이팅!"

이렇게 스스로에게 자신감을 주는 혼잣말을 한 뒤에 공철이는 마치 큰 대회에 나가는 프로 야구 선수처럼 비장한 마음을 품고 누구보다 먼저 야구부 교실에 찾아갔다. 그리고 야구부원이 되겠다는 원서를 정성껏 작성해서 야구부에 냈다.

그로부터 일주일 뒤, 공철이는 왕복 달리기, 철봉에 매달리기, 공 멀리 던지기, 글러브 끼고 공 받기 등 감독님이 보는 앞에서 간단한 테스트를 받았다. 심장이 두근거리고 식은땀이 났지만 꼭 멋진 야구부원이 되겠다는 마음으로 가슴 깊이 심호흡을 하며 긴장감을 참았다.

다시 그로부터 일주일 뒤, 학교 게시판에 야구부원 합격자 명단이 붙었다. 공철이는 두근거리는 마음으로 게시판을 보았다.

"야호! 합격이다, 합격!"

공철이는 뛸 듯이 기쁘고 신나 학교가 떠나갈 정도로 크게 소리쳤다.

Q | 야구는 몇 명이 하는 경기일까?

A | 야구는 각각 9명으로 구성된 두 팀이 경기를 한다. 9회에 걸쳐 공격과 수비를 번갈아 하며 얻은 득점으로 승패를 겨룬다. 공격하는 팀은 타순에 따라 상대 팀 투수의 공을 치고 1루, 2루, 3루를 거쳐 홈으로 돌아오면 1점을 얻게 된다. 수비하는 팀은 선수가 지키는 자리에 따라 투수, 포수, 1루수, 2루수, 3루수, 유격수, 좌익수, 중견수, 우익수로 구성된다. 야구는 규칙이 다양해서 여러 가지 작전을 펼칠 수 있어서 경기가 진행되는 내내 재미있게 볼 수 있다.

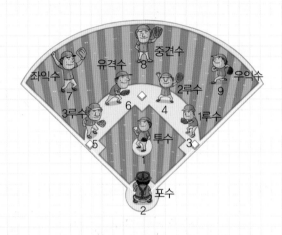

Q | YMCA는 어떤 단체일까?

A | YMCA는 기독교 청년회라고도 하며, 기독교에 바탕을 둔 국제적인 청년 운동 단체이다. 1844년에 영국에서 만들어져 이후 전 세계로 퍼져 나갔다. 한국에 YMCA가 처음 생긴 것은 1899년으로 이후 선교 활동과 여러 가지 사회 활동을 벌였다. 또한 YMCA는 야구를 처음으로 우리나라에 소개했고, 우리나라 최초의 야구단인 YMCA 야구단을 만들었다.

YMCA 야구단

야구의 개인 기술에는 어떤 것이 있을까?

야구에서 개인 기술에는 던지기와 받기, 치기, 베이스 달리기, 슬라이딩, 번트가 있다.
공을 던지고 받을 때는 정확하고 빨라야 한다. 또한 공을 던질 때는 위치를 잘 선택해야 하고,
공을 받을 때는 안정감 있게 받아야 한다. 치기에서는 타이밍, 균형, 체중 이동 등이 중요하
다. 공을 칠 때는 손목과 어깨의 힘을 빼야 타이밍을 맞추기 쉽고 빗맞는 경우를 줄일 수 있
다. 베이스 달리기에서는 정확한 상황을 판단하고 상대 투수의 투구 동작, 수비 선수들의 수
비 위치 등을 잘 파악해야 한다. 슬라이딩은 미끄러지는 행동인데, 발이 빨라야 하는 등 고도
의 기술이 필요하다. 번트는 방망이를 휘두르지 않고 공을 약하게 맞혀서 공을 땅으로 굴리는
기술이다. 주변 상황을 잘 살펴서 내야수가 잡기 어려운 지역으로 공을 보내야 한다.

  메이저 리그가 무엇일까?

메이저 리그는 미국 프로 야구 연맹의 최상위 2개
리그를 말한다. 메이저 리그는 내셔널 리그와 아
메리칸 리그로 나뉜다. 아메리칸 리그 소속 15개
팀과 내셔널 리그 소속 15개 팀으로 총 30개 팀이
있다. 그중 박찬호 선수가 속했던 LA 다저스 팀
은 내셔널 리그에 속한다. 소속 팀들은 정규 시즌
에서 162경기를 벌이고 리그 디비전 시리즈, 리그
챔피언십 시리즈, 월드 시리즈를 거쳐 최종 우승
팀을 가린다.

메이저 리그 경기장

핵심 용어

공기 저항
공기 속을 운동하는 물체가 공기로부터 받는 저항. 저항은 물체의 운동 방향과 반대 방향으로 작용함.

궤적
이동 중인 물체의 움직임을 알 수 있는 자취. 물체가 연속적으로 지나간 점들을 연결한 공간상의 선.

등판
야구에서 투수가 투구를 하기 위해 실전에 출전하여 마운드에 서는 일.

마운드
야구에서 투수가 공을 던질 때 서는 약간 높은 곳. 마운드에서 가장 높은 지점의 높이는 최소 25.4cm, 최대 38.1cm이고, 전체적으로 완만한 경사를 이루도록 흙을 쌓아야 함. 투수는 마운드 중앙에 있는 투수판을 반드시 밟고 투구해야 함.

미트
포수와 1루수가 끼는 글러브. 다른 글러브는 다섯 손가락이 각각 분리되어 있으나 미트는 엄지손가락만 떨어져 있고, 나머지는 전부 한데 모아 끼도록 되어 있음.

반발 계수
두 물체가 충돌할 때 되튀어 나가는 정도를 나타내는 수치. 충돌 전에 두 물체가 가까워지는 속력과 충돌 후에 두 물체가 멀어지는 속력의 비.

백분율
비율을 나타내는 방식. 전체의 수량을 100으로 하여 그중 몇이 되는가를 가리키는 수(퍼센트)로 나타냄. 기호는 %를 사용함.

삼진
타자가 세 번의 스트라이크로 아웃되는 일. 투수가 던진 볼을 타자가 헛스윙하거나 스트라이크를 치지 못해 세 개째 스트라이크를 선언당하면 아웃이 됨.

속도
움직이는 물체의 빠르기. 일정한 시간 동안 이동한 위치 변화를 측정하여 구함.

속력
1초, 1분, 1시간 등과 같이 일정한 시간 동안에 이동한 거리. 속력의 단위는 m/초(초속), km/시(시속) 등으로 나타냄.

압력

단위 면적당 수직으로 누르는 힘. 물체가 접촉하는 면적에 수직으로 누르는 힘을 면적으로 나누어 구함.

이닝

야구, 소프트볼, 크리켓 경기에서 한 회를 이르는 말. 양 팀이 교대로 공격과 수비를 한 번씩 끝내는 동안을 이름.

입체감

위치와 넓이, 길이, 두께가 있는 물건에서 받는 느낌.

중력

지구 위에 있는 물체가 지구 중심으로부터 받는 힘으로, 지구가 물체를 끌어당기는 힘. 우리는 중력을 평소에 느끼지 못하지만 지구가 우리를 항상 끌어당기고 있음.

질량

물체가 가진 고유의 기본 양. 장소나 상태에 따라 달라지지 않음.

타석

야구에서 타자가 공을 치도록 정해 놓은 구역으로 타격을 완료할 때까지 벗어나서는 안 됨. 홈 플레이트 좌우에 흰색 선으로 표시된 폭 1.22m, 길이 1.82m의 직사각형 공간이 타석임.

탄성

물체에 외부에서 힘을 가하면 그 모양이나 부피가 변했다가 가한 힘을 제거하면 다시 원래의 모양이나 부피로 되돌아오려는 성질.

통계

여러 가지 현상에 대한 자료나 수집된 자료를 한눈에 알아보기 쉽게 수치로 나타낸 것. 통계 자료를 조사하고 분석하는 데에는 주로 표와 그래프를 사용함.

확률

어떤 일이 일어날 수 있는 가능성의 정도. 확률은 분수, 소수, 백분율, 할푼리 등 다양한 비율로 나타낼 수 있음. 확률의 범위는 0부터 1 사이임.

회전력

물체를 회전시키려고 하는 힘.

일러두기

1. 띄어쓰기는 국립국어원에서 펴낸 「표준국어대사전」을 기준으로 삼았습니다.
2. 외국 인명, 지명은 국립국어원의 「외래어 표기 용례집」을 따랐습니다.